Tu Guía de Sueños

¡Usa tus sueños para crear la vida que deseas!

Tu Guía de Sueños

¡Usa tus sueños para crear la vida que deseas!

Carolina Fonseca Jiménez

Reservados todos los derechos. Ninguna parte de este libro puede ser reproducida, almacenada o transmitida por ningún medio, ya sea auditivo, gráfico, mecánico o electrónico sin el permiso por escrito del editor y el autor, excepto en el caso de breves extractos utilizados en artículos críticos y reseñas. La reproducción no autorizada de cualquier parte de este trabajo es ilegal y está penada por la ley.

Copyright © 2022 Carolina Fonseca Jiménez

ISBN 13: 978-1-944662-76-9

Fecha de publicación: agosto de 2022

Los sueños expuestos en este libro se mantienen anónimos para proteger la privacidad de nuestros soñadores, y se presentan con fines ilustrativos.

Diseño de portada: Lupita Team
Cuidado de la edición: Gustavo Vázquez

Dedicación

Dedico este libro a nuestro Dream Team (Equipo de Sueños). Juntos hemos crecido de una forma que nunca hubiera podido imaginar. Me causa una gran felicidad saber que nos estamos conectando a través de nuestros sueños y sus significados. ¡Cada uno de ustedes aporta luz y chispa a nuestro grupo, y es su participación y energía lo que realmente lo convierte en un Dream Team!

Contenido

¡Bienvenido al Mundo de los Sueños!..vii
Mundo de los Sueños 1
Sueños del Pasado 3
Sueños del Presente 15
Sueños del Futuro 23
Dimensiones en los sueños 27
Sentimientos: Tu Sistema Guía 33
Métodos creativos y consejos para recordar tus sueños 37
Aprendiendo tu Idioma de los Sueños...................................59
Intenciones poderosas y rutinas antes de dormir 91
Sueños repetitivos 103
Pesadillas 107
Sueños lúcidos..119
¡El Viaje de tus Sueños continúa! 143
Miembros del *Dream Team* 147
Recursos interactivos 153
Sobre la autora 154

Introducción

¡Bienvenido al Mundo de los Sueños!

¡El inicio de tu viaje mágico!

Antes de comenzar este viaje, has de saber que ¡no hay vuelta atrás! Una vez que conoces tu potencial ilimitado y la fuerza de tus sueños nunca más podrás ignorarlos. El hecho de que el universo te haya traído aquí en este preciso momento confirma que estás en el lugar en el que necesitas estar. Es hora de aceptar el poder que tienes dentro y explorar tus más intrínsecas profundidades y de esta conexión universal a través de tus sueños.

¡Al terminar de leer este libro tendrás una comprensión más profunda de tu Idioma de los Sueños, el Mundo de los Sueños, y cómo dicho universo te ayuda a lograr el deseo más anhelado en tu vida despierta. ¡Disponte para reconectarte con tu ser superior a un nivel completamente nuevo! Prepárate para despertar a tu nueva realidad, pues todo lo que deseas viene desde adentro, y lo que viene de adentro viene del universo. Tal vez no le encuentres sentido a todo esto en este momento, pero te aseguro que cuando concluyas este libro ¡todo será claro para ti! Terminarás iluminado con una nueva comprensión de tus necesidades y deseos más profundos.

Nuestros sueños no sólo están aquí para guiarnos, sino también para ayudarnos a impulsarnos hacia adelante y manifestar lo que deseamos en nuestra vida despierta. Los sueños que experimentas están todos interconectados. Trabajando juntos, logran alcanzar tu máximo potencial. Cuando puedas aprender a conectar tu vida despierta con el Mundo de los Sueños, desbloquearás el secreto que muchos nunca alcanzan. ¡Comencemos, querido Soñador!

Carolina Fonseca Jimenez

Qué esperar

Mi misión es exponerte a este mundo mágico para que puedas usarlo en tu beneficio. Deseo que aprendas lo que significan tus sueños, que te conectes con sus símbolos, colores y sonidos para entender el mensaje que ellos te ofrecen. Al hacer esto comprenderás el Idioma de tus Sueños. Te despertarás con sensibilidad y el mensaje en tus sueños, y usarás esta información para guiarte en tu vida despierta. Ahora bien, sé que algunos sueños parecen no tener sentido, sin embargo puedo asegurarte que cada uno es un reflejo de cómo estás por dentro.

Una vez que aprendas el poder que te confiere conectarte con el mundo interior de tus sueños ¡tu creatividad y habilidad para manifestar tus deseos no tendrán límites! Cuando decidas entrar al Mundo de Tus Sueños con la mente y el corazón abiertos ¡tu espíritu se elevará! Te guiaré a través de las diversas partes del Mundo de los Sueños para que puedas identificar de dónde provienen: pasado, presente, futuro; y las dimensiones inferiores y superiores. Luego te orientaré a través del importante papel que juegan tus sentimientos en el Idioma de tus Sueños. Ya después te presentaré varias formas de recordar tus sueños más fácilmente. También exploraremos el idioma personal de tus sueños para que puedas conectarte fácilmente con tu Yo superior y obtener las respuestas que buscas. A lo largo de nuestro libro tendrás una experiencia interactiva a través de nuestros videos de YouTube, o la comunidad Dream Team que se creó especialmente para ti. Busca el símbolo interactivo:

 ¡Inténtalo, Soñador!

Your Dream Book

Puedes acceder a este regalo simplemente yendo a www.lupitainspires.com para crear tu cuenta gratuita en la sección Your Guide / Tu Guía. Esto te llevará a una página privada con todos los enlaces que debes seguir conmigo mientras lees. También he incluido una sección de Recursos interactivos al final de este libro con más información para ti. ¡Ahora tendrás acceso a videos, prácticas y ejercicios especiales para ayudarte en la aventura de tus sueños!

Más adelante en el libro nos sumergiremos en el tema de los sueños lúcidos, y cómo puedes usarlos para sanar, crecer y explorar. Terminaremos nuestro viaje con un poderoso ejercicio para fomentar más sueños amorosos y orientación adicional al respecto. ¡Recuerda que el final de esta travesía mágica es el comienzo de tu nuevo y poderoso papel como creador positivo y consciente! ¡Con tu nueva perspectiva de la vida podrás crear lo que deseas a través de la guía de tus sueños!

Antes de sumergirte en el Mundo de los Sueños, haz una pausa para responder la siguiente pregunta. Destina el tiempo que necesites para contestarla. Regresaremos a ella al final de esta andanza guiada, ¡así que escribe tu respuesta para tu ser del futuro!

¿Por qué deseas conectar con tus sueños?

_____
_____
_____
_____
_____
_____
_____
_____
_____
_____
_____
_____
_____

Capítulo 1

El Mundo de los Sueños

¡Seré tu guía en este viaje, pero TÚ eres la clave! Simplemente estoy aquí para guiarte en esta increíble aventura, pero sólo tú tienes todo el poder que necesitas dentro de ti. Depende de ti hasta dónde exploraremos. Estoy aquí para ofrecerte toda la información que necesitas para comenzar a entender el idioma de tus sueños, y para darte las herramientas para usarlos para crear la vida que deseas.

Al final de este libro —como te prometí— estarás listo para fluir con tus sueños y unirte con tu Yo superior a través del Arte de la Interpretación de los Sueños. Antes de ingresar a este reino mágico, coloca tus manos sobre tu corazón, haz tres inhalaciones profundas y di en voz alta: *"Acepto todas las cosas amorosas que el Universo tiene para ofrecerme"*. Estamos en esto juntos. ¡Mantén tu libro junto a tu cama y prepárate para entrar en el mundo mágico de tus sueños!

Cuando nos vamos a dormir por la noche nuestro cuerpo está descansando, ¡pero nuestro yo interior todavía está explorando y aprendiendo en nuestros sueños! ¿Sabías que los sueños que ves y sientes son parte de tu Mundo de los Sueños? Vamos a explorar de dónde vienen tus sueños y cómo pueden guiarte

Es común que las personas asuman que todos los sueños son iguales y que provienen del mismo lugar. Esto es cierto de alguna manera, pero muy pocos saben realmente su origen y cómo dicho origen afecta el significado de los mismos y sus consecuencias en nuestra vida. Los sueños provienen de un reino superior que nuestros ojos humanos no pueden ver. Los sueños son energía, al igual que tú y yo, pero la mayoría de las veces sólo podemos acceder a este reino mientras dormimos y, a veces, durante la meditación profunda.

Los sueños son poderosos porque brindan una visión más profunda de quiénes somos; y nos ofrecen un lugar de potencial ilimitado y exploración profunda. Si alguna vez deseas una respuesta en tu vida, siempre puedes pedir orientación antes de dormir.

¡Comencemos esta exploración guiada!

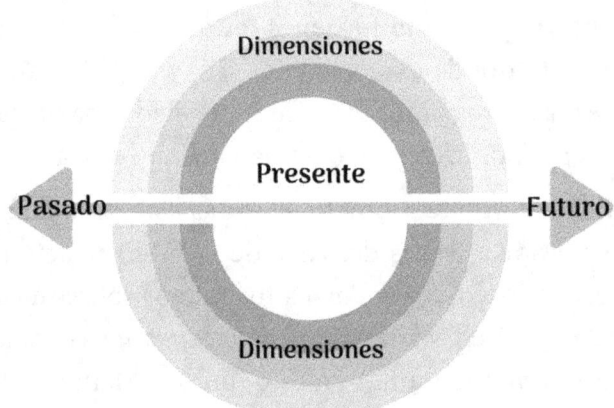

El diagrama de arriba muestra lo que constituye el Mundo de los Sueños y de dónde proviene la información. Debido a que todos estamos compuestos de energía, nuestros sueños reflejan todo lo que sentimos, hemos sentido y esperamos sentir, ofreciéndonos una ventana al pasado, presente y futuro potenciales. Nos dan una idea de cómo nos sentimos respecto a nuestra vida, pero lo que es más importante; pueden ayudarnos a determinar si realmente estamos en el camino más benéfico para alcanzar nuestros deseos más profundos. Utiliza la imagen de arriba como referencia para ayudarte a identificar de dónde vienen tus sueños.

Capítulo 2

Sueños del pasado

Sueños del pasado

Puedes recordar sueños que incluyen imágenes de tu infancia. A menudo ocurren cuando el subconsciente te llama la atención sobre una situación o experiencia de tu niñez. La mayoría de las veces este tipo de sueño del pasado se presenta como una **alerta amorosa** o como un **recordatorio amoroso**.

Cuando decimos *alerta amorosa*, nos referimos a una invitación para realizar cambios. Agregamos la palabra amorosa para indicar que incluso aunque se sienten incómodas, son de nuestro interés. El Yo superior quiere sanar; por lo tanto, está evocando estos sueños a nuestra atención.

Por ejemplo, puedes soñar con una experiencia de intimidación o maltrato durante tu infancia. Estos sueños pueden resultar incómodos y muchas veces entristecen a la persona, la enojan, etc. Es común querer olvidarlos, incluso descartar su significado, pero eso no es lo que queremos hacer. En cambio, deseamos agradecernos a nosotros mismos por sacar a la luz esta situación dolorosa, brindándonos la oportunidad de sanar. Es importante reconocer que aunque éste es un sueño pasado, aparece porque prevalece un dolor no resuelto que aún necesita ser sanado.

Cuando te enfrentes a este tipo de sueño y para comenzar el proceso de sanación, responde las siguientes preguntas:

1. ¿Todavía permito que otros me traten de esta manera en algún nivel?
2. ¿Existe una situación similar actualmente en mi vida despierta?
3. ¿Las otras personas en el sueño me recuerdan a alguien en mi vida en este momento?
4. ¿Es esto algo que todavía necesito perdonar?
5. ¿Estoy tratando a los demás como me trataron a mí alguna vez?

Estas preguntas te ayudarán a dilucidar el motivo de soñar así. Muchos de nosotros —sin darnos cuenta— llevamos dolor y traumas infantiles sin resolver. Es común que algo en tu vida despierta provoque este tipo de sueño.

Cuando puedes determinar que el sueño es una alerta amorosa, la situación actual, y la experiencia o la persona con la que se conecta en tu vida despierta; puedes realizar cambios proactivos. Por ejemplo, tal vez hablar cuando normalmente no lo harías, o platicar sobre un conflicto en lugar de recurrir a la violencia física; pueden ser soluciones amorosas en tu caso. La solución proactiva será única para la experiencia y para el soñador.

Además, los sueños del pasado pueden ser un ***recuerdo amoroso***, que nos brindan una oportunidad de sanación sólo por su naturaleza y profundo amor. Permiten que el soñador vea, sienta, toque o escuche el recuerdo.

Un recuerdo amoroso llega a tus sueños perfectamente sincronizado. Cuando ocurra, haz una pausa para reflexionar sobre este momento en tu vida despierta. Puedes usar las siguientes preguntas para ayudar a guiar tu práctica reflexiva:

1. ¿Algo en mi vida despierta me recuerda esta experiencia?
2. ¿Tengo esta energía amorosa en mi vida despierta o siento que me hace falta?
3. Si hay más personas en el sueño contigo, pregúntate: ¿Todavía tengo una relación con esta(s) persona(s) en mi vida despierta?

El uso de tales cuestionamientos puede ayudarte a identificar el origen del sueño y, al hacerlo, decidir qué acción tomar. Por ejemplo, si esto te recuerda algo de tu vida despierta, simplemente está reproduciendo una experiencia reciente y manifestándola. Si este es el caso, agradece el sueño y da la bienvenida a más recuerdos amorosos en tu vida.

Permíteme compartir un sueño de un recuerdo amoroso personal para ilustrar mejor esta categoría. Adopté un perrito blanco y esponjoso, Cotton fue el perro más amable y agradecido que he tenido. Me seguía a todas partes, me abrazaba y me brindaba un apoyo invaluable durante los momentos difíciles de mi vida. Estuve agradecida de tenerlo en mi vida durante nueve años, hasta que un día cuando estaba en el trabajo falleció. Estaba tan angustiada y lo extrañaba tanto que comenzó a aparecer en mis sueños. Al principio lo veía parado a mi lado o asomándose desde una esquina mientras exploraba mi Mundo de los Sueños. Me sentía tan feliz que traté de permanecer más tiempo en el sueño con él. Cuando me desperté todavía me sentía agradecida por la experiencia, pero también encontré consuelo al saber lo afortunada que había sido al tenerlo tanto tiempo a mi lado. Hasta el día de hoy *Cotton* viene a mis sueños para recordarme que debo estar agradecida y apreciar lo que tengo, tal como lo hizo él cuando estaba conmigo físicamente. En lo particular, noto que aparece en mis sueños cuando estoy pasando por un momento difícil en mi vida despierta, o cuando necesito un recordatorio para estar agradecida por lo que ya tengo.

Si por el contrario sientes que el sueño de un recuerdo amoroso te está mostrando algo que te falta en tu vida despierta —como el amor expresado en el sueño— el mismo te invita a tomar una acción diferente. Por ejemplo, una de nuestras soñadoras se vio abrazando a su exnovio bajo la luz de la luna. Ella lo tomó como una hermosa representación del amor que una vez tuvieron, y sintió paz y asombro con la luz de la luna. Se dio cuenta de que no extrañaba a su exnovio, sino estar en una relación amorosa. Sintió que el sueño le hacía saber que pronto llegarían nuevas oportunidades de amar. Aunque tenía miedo de salir lastimada, el sueño la ayudó a darse cuenta de que le faltaba amor y afecto en su vida despierta. ¡Decidió usar este sueño como un recordatorio de que el amor todavía era posible y que era hora de permitirse encontrarlo nuevamente!

En este caso el sueño contrasta su recuerdo amoroso con su vida actual. Cuando esto ocurre tienes dos opciones: aceptar que, a pesar de perderte esto en tu vida despierta, eliges no hacer nada. O por el otro lado, ser proactivo y llevar la energía amorosa del sueño a tu vida despierta. Para realizar esto, cuando despiertes da gracias por el sueño; permítete ser llenado con el recuerdo y la experiencia amorosa. Luego comienza tu día con esta energía, y proactivamente haz cosas que mantengan fluyendo esa energía amorosa. Tal vez tomando un momento para caminar al aire libre, meditar, jugar con tus hijos, hacer nuevos amigos, etc. Cuando hacemos esto estamos aceptando el recuerdo amoroso como un regalo, permitiéndole impulsarnos hacia adelante en nuestra vida despierta. Recuerda que cuando ofreces amor el amor se reflejará de regreso. Así que prepárate para tener interacciones amorosas como resultado.

¿Qué tal si me pongo triste porque fue "sólo un sueño"?

Me han dicho que algunas personas se despiertan de un sueño con un recuerdo amoroso y terminan sintiéndose tristes o enojados cuando se dan cuenta de que era un sueño. Esta percepción no funciona para nosotros porque surge de la mente del ego, no del ser amoroso que somos. Exploremos esto más al fondo. Durante este tipo de sueños sientes felicidad, amor y alegría, pero a veces al despertar puedes también estar triste o enojado porque la experiencia fue "sólo" un sueño. Lo que sucede aquí es que permitimos que la emoción humana de "carencia" o "miedo" se haga cargo en lugar de producir el regalo del "amor" a nuestra vida despierta. Para sanar debemos recordar que el sentimiento dentro del Mundo de los Sueños es de amor, y permitir que nos guíe en nuestra vida despierta. Pregúntate a ti mismo: ¿Prefiero sentir amor o miedo? El ser amoroso que eres obviamente elegirá el amor. Si notas que no puedes elegir el amor de momento está bien, date tiempo; pero recuerda que siempre puedes elegir el amor.

¿Cómo saber si se trata de un sueño de Alerta Amorosa o de un Recuerdo Amoroso?

Con la práctica notarás la diferencia de inmediato. Recuerda que tus sueños te guían a través de lo que sientes en los mismos. Si percibes que este sueño te está invitando a analizar una situación anterior que te resulta incómoda o incluso dolorosa, ésta es una *alerta amorosa*. Sin embargo, si el sueño se siente como una remembranza que te trae amor y alegría, entonces éste es un *recuerdo amoroso*.

A medida que interiorices más en los sueños del pasado, tendrás la oportunidad de ver lo que muchos llaman **vidas pasadas**.

Sueños de una vida pasada

Recuerda que el Mundo de los Sueños te mostrará todo lo que estés dispuesto a ver. Si estás perceptivo a aprender sobre tus vidas pasadas te lo presentará. Estos sueños te sirven como una oportunidad para aprender, explorar y sanar.

Si algo todavía necesita tu atención, un escenario o imagen de una vida pasada te lo recordará. En la mayoría de los casos, lo que realmente necesitas es más amor en tal situación.

Caminas por un mundo que parece del pasado, estás solo y desconcertado; observas personas a caballo o en carruaje; tú vas a pie. Pasas por un camino de tierra y entras en una cabaña que sientes que es tu hogar. Te das cuenta de que vives aquí solo sin familia. Aunque sientes miedo de estar solo aquí estás; demasiado tímido y asustado para conectarte con los que te rodean. Sabes que éste es un sueño del pasado por las imágenes, pero también por tus sentimientos durante el sueño. Éste es un sueño real de uno de los miembros de nuestro Dream Team. Ella nos compartió que actualmente estaba atormentada por estar sola, y su sueño le mostró que sentía lo mismo en una vida pasada. Después de que el grupo y yo interpretamos su sueño con ella, comenzó a ver las similitudes entre sus dos vidas, como su dificultad para mantener relaciones y pasar tiempo con su familia. Explorando más a fondo se dio cuenta de que necesitaba permitirse tener la familia que tanto deseaba en su vida pasada y que nunca tuvo. De esa manera, su vida actual fue una oportunidad para sanar su experiencia pasada. Esto requería que aceptara el mensaje de su sueño, entendiera su conexión con su vida despierta y luego aplicara la lección amorosa a su vida. Con la ayuda de su sueño pudo apreciar más a su familia y sus seres queridos, y dijo que le resultó más fácil atesorar sus momentos juntos.

Muchas veces los sueños del pasado llegan como una alerta amorosa, invitándonos a mirar nuestra vida con ojos más amorosos. Recuerda que un sueño de una vida pasada está aquí para encaminarte y mostrarte las áreas donde puedes aplicar el amor y la sanación. Este amor y sanación no son sólo para ti, sino también para cualquier persona con la que entres en contacto.

¿Cómo sabes que es un sueño de vidas pasadas?

Puede parecer difícil saber si un sueño es de una vida pasada, pero en realidad sentirás que lo es. Estamos tan acostumbrados a pensar demasiado en una situación que complicamos las tareas más simples. El Mundo de los Sueños es un hermoso lugar que nos permite practicar ser más conscientes y aceptar nuestros sentimientos e intuición. A medida que continúes en el camino de tus sueños puedes usar las pistas específicas que menciono a continuación, para darte cuenta si tu sueño es de una vida pasada.

SENTIRÁS que es un sueño de vidas pasadas durante el sueño o cuando despiertes

Mientras sueñas comienzas a sentir una profunda conexión con las personas que te rodean. Puede parecer que los conoces desde hace mucho tiempo. También puedes tener recuerdos de esa vida pasada. Mientras sueñas todo esto parece muy normal; no es hasta que te despiertas que sientes rara la experiencia. Hay algunas pistas que puedes buscar para ayudarte a confirmar si se trata de un sueño de una vida pasada.

Una señal importante es notar artículos, ropa o tecnología que están desactualizados y que no reflejan nuestra sociedad actual. Algunos soñadores tienen un fuerte sentido de qué año es según la ropa que usan las personas e incluso el entorno social. Esto es lo que soñó una de nuestras soñadoras: ella estaba en medio de una batalla o guerra en la década de 1950. Parecía ser esta época, debido a la anticuada tecnología. Su vestido también reflejaba ser de ese tiempo. Protegía a tres niños de los atacantes y trataba de escapar. Este sueño se repitió una y otra vez mientras intentaba valiente y con creciente desesperación, proteger a los niños de los numerosos atacantes, pero finalmente todos fueron asesinados.

Curiosamente no tiene hijos en su vida despierta. Previo a este sueño se sentía obligada a tener hijos, aunque no lo deseaba, pero este sueño le trajo la claridad que necesitaba. Su sueño de vidas pasadas le mostró el dolor y el miedo que vivió como madre, y ciertamente no quería revivir algo así. El sueño la ayudó a entenderse a sí misma en un nivel mucho más profundo. Nos dijo que aunque era incómodo, sintió una sensación de cierre y autocomprensión. Ya no lamentó la necesidad de forzarse a ser madre en esta vida, y agradeció finalmente obtener la claridad que le trajo este sueño de su vida pasada.

Otra pista que puedes buscar es sentirte "como en casa" mientras sientes que la época está en el pasado. Algunos de nuestros soñadores dicen que esta experiencia es tan poderosa que los deja con el deseo de reconectarse con las personas en su sueño de vidas pasadas. Otros más experimentan tener una familia o estar en una relación en estos sueños. Cuando esto ocurre el soñador puede despertarse con una sensación de anhelo o nostalgia. Puede ser difícil darles sentido a estos sueños al principio, pero algo que siempre debes recordar es que cualquier sueño que tengas se presenta ante ti en el momento perfecto para que puedas aprender de él ahora y aplicar tus experiencias a tu vida despierta.

Más adelante exploraremos con gran detalle el soñar con una pareja o una relación anterior. Pero por ahora recuerda que "sentirse como en casa" es una pista para identificar un sueño de una vida pasada. Notarás que tu sensibilidad es el mayor sistema guía que tienes. Cuanto más conectado estés con esta idea, más fácil te resultará comprender el idioma de tus sueños.

La pista final que exploraremos en esta sección es la de tener recuerdos dentro del sueño de vida pasada. Si has experimentado esto sabrás exactamente a qué me refiero. Si no has hecho es posible que necesites una explicación adicional, que me complace ofrecerte.

A veces es fácil concluir que un sueño es de una vida pasada porque mientras sueña, la persona comienza a tener recuerdos de otros eventos que ocurrieron en esa vida. Por experiencia personal puedo decirte que mientras hablaba con un pariente en un campo de colinas verdes —mientras soñaba— claramente tenía recuerdos de mi esposo en esa vida, una pareja diferente a la que tengo ahora, alta y misteriosa, con cabello muy oscuro. Al mismo tiempo percibía la vida actual de mi pariente en la época actual. Mientras estábamos en el campo de colinas verdes pude ver mucha gente a lo lejos, pero ella y yo estábamos muy cerca, cuidando que nadie pudiera escuchar. Un ejército nos supervisaba a todos, así que nuestra conversación tenía que ser en secreto. Yo estaba consciente de que ella tenía familia y que su papel en este mundo pasado era muy complejo, pues tenía más responsabilidades que yo. Cuando le dije que caminaría hacia otra parte del campo montañoso, me mostró la enorme bolsa de semillas alimenticias que tenía que llevar al ejército. Empleamos sólo unos segundos para interactuar juntas y luego nos pusimos en marcha, pero recuerdo claramente tener recuerdos de mi vida y de la de ella en este sueño de vidas pasadas.

Puedes tener múltiples sueños de vidas pasadas y dentro de cada sueño puedes tener acceso a los recuerdos de esa Línea del Tiempo. Presta atención a tus recuerdos porque también te ofrecen información sobre tus deseos y temores.

Una de nuestras soñadoras al compartir un sueño nos dijo que podía recordar viajes del pasado en otros países, por ejemplo sus viajes a México y Argentina. A través de esa vida estaba accediendo a sus recuerdos mientras exploraba su sueño. En un momento recordó haber caminado por las coloridas calles de México mientras guardaba ropa en su clóset. Estaba sorprendida de tener tales recuerdos mientras realizaba actividades tan mundanas en el sueño. Todos tenemos diferentes experiencias y recuerdos en sueños de vidas pasadas, pero una cosa que tenemos en común en nuestro grupo es que somos conscientes de estos recuerdos, capaces de acceder a ellos mientras estamos en un sueño en particular. Tú también puedes hacer esto, sólo requieres algo de práctica y paciencia.

Significado de los sueños de vidas pasadas

Aprendizajes

Los sueños de vidas pasadas pueden ser asombrosos. Veamos lo que pueden enseñarnos. En primer lugar nos invitan a analizar nuestra vida pasada y determinar qué lecciones se pueden aprender de ésta y aplicarlas en el presente. Un ejemplo proviene de una de nuestras soñadoras, quien compartió que en una vida previa ella y su hermana tuvieron que trabajar en el sueño, en lo que parecía similar al trabajo esclavo. Deseaban tanto tomar un descanso y pasar tiempo juntas, pero no les fue posible. Después de explorar esto más a fondo supimos que este sueño pasado le recordaba su deseo de descansar y pasar tiempo de calidad con su hermana. Se dio cuenta de que su vida actual le brindaba la oportunidad de hacer las cosas de manera diferente, por lo que comenzó a pasar más tiempo con su hermana y a tomar descansos en su Vida Despierta.

Recordatorios

Estos sueños también pueden presentarse como recordatorios. A veces vamos por la vida sin recordar experiencias de vidas pasadas y por lo tanto, luchamos con ciertas situaciones en nuestra vida despierta que es posible que ya hayamos sufrido. Por ejemplo, una de nuestras soñadoras tuvo un sueño de una vida pasada en el que un grupo de chicas la intimidaba. Este maltrato continuó durante años hasta que pudo defenderse y buscar ayuda dentro de su sueño. En su vida despierta estaba sufriendo abuso emocional y físico por parte de su pareja. Este sueño de una vida pasada le recordó que ya era suficiente. Tenía que poner fin al abuso defendiéndose y buscando ayuda, como lo hizo en el sueño de su vida pasada. Notarás que no es necesario que las imágenes sean exactas en tus sueños y en tu vida despierta. Normalmente las sensaciones dentro del sueño coincidirán con la situación en tu vida despierta. En este caso, así como se había sentido herida y acosada por las chicas en su sueño, también se sentía con su pareja actual. Notarás un énfasis constante en la importancia de usar nuestras percepciones para guiar la interpretación de nuestros sueños.

Predicciones

Los sueños de vidas pasadas son significativos no sólo porque pueden ayudarnos en el presente; también pueden coadyuvar a predecir lo que volverá a ocurrir en esta vida si no tenemos cuidado. No dejes que esta idea te atormente, pon cartas en el asunto y sé consciente de que ésta es una alerta amorosa para recordarte aquellas experiencias vividas. Usa tus sueños para aprender de tu vida pasada y aplicar las lecciones a esta vida, para que tus resultados sean favorables.

Una de nuestras soñadoras experimentó el sueño de ser asaltada en una parte aterradora de la ciudad. Ella asoció que cuando camina por este lugar en su vida despierta siempre tiene una sensación de inquietud, pero continúa caminando por esa calle, aun con miedo. Después de su sueño se dio cuenta de que su intuición le estaba brindando una alerta amorosa, y que el Mundo de los Sueños se lo ilustraba en un escenario dramático por el miedo que sentía. No estaba segura de si este sueño era una predicción, pero eligió ser una creadora proactiva y tomó clases de defensa personal para sentirse fuerte y segura al caminar por esa parte de la ciudad y cualquier otro lugar al que quisiera ir. A través de la oportunidad que le trajo este sueño pudo elegir entre no hacer nada y continuar sintiendo miedo, o tomar medidas para estar más segura. Los sueños que sientes que son una predicción del futuro son una oportunidad para llevar energía amorosa y hacer algo al respecto. Cuando tengas este tipo de sueño pregúntate lo siguiente:

1. ¿Es ésta la realidad que quiero ver?
2. ¿Cómo puede ser más amorosa esta realidad?
3. ¿Qué puedo hacer proactivamente para crear más amor aquí?

Los sueños que predicen el futuro te brindan un escenario potencial que realmente establece: *si todo continúa como está, este sueño ilustra un resultado probable*. Ahora depende de ti elegir qué hacer con esta información poderosa.

¿Qué tal si sueño con un futuro que es doloroso para muchos?

Si sueñas con un futuro que te causa tristeza o dolor, recuerda que te está mostrando un panorama potencial basado en cómo te sientes actualmente sobre la situación, e incluso con respecto a las personas que te rodean. Seguro te preguntarás: *¿advertiré a las personas? ¿Me quedo callado?* La respuesta depende de ti, pero te daré mis sugerencias basadas en mis experiencias anteriores. Si tienes un sueño como éste y compartes las imágenes y los sentimientos de miedo, lo que realmente estás haciendo es dándole poder al sueño de temor y estás creando más pánico. Recuerda que el sueño te muestra un potencial basado en tu ser actual y tienes alternativa. Ahora que has experimentado algo que no deseas pregúntate: *¿qué quiero ver en su lugar?* Permítete crear una alternativa amorosa, compártela y brinda energía amorosa a quienes te rodean.

Recuerda que eres un creador proactivo y positivo, así que entrega energía al amor que quieres ver y compártelo. Por último, si ves a tus seres queridos pasando por un momento difícil en un sueño, recuerda que esto es un reflejo de lo que sientes que sucederá en tu estado actual. Entonces aquí también puedes darle energía a una alternativa amorosa. Otra acción proactiva que puedes tomar después de experimentar este tipo de sueño es llenarte de más amor en tu vida despierta. Permítete relajarte, cuidarte y llenarte de amor propio para que puedas estar en la energía centrada del amor, la unidad y la paz. Estar enfocado en esta energía te ayudará enormemente a medida que creas una realidad más amorosa, y también te permitirá estar preparado para ayudar a tus seres queridos si es necesario.

Recuerda que un sueño de una vida pasada puede ser de este mismo mundo que ya conoces, pero también es posible que venga de otra dimensión. Exploraremos esto más a fondo en la parte de *Otras Dimensiones* del libro, pero por ahora, ¡mantén tu mente abierta y deja que tus sueños te guíen!

Capítulo 3

Sueños del Presente

Los sueños que reflejan tu vida tal como es ahora son Sueños del Presente. No sólo te muestran cómo eres ahora, sino que también notarás que las personas y los lugares se basarán en aquéllos de tu vida despierta. Los Sueños del Presente pueden mostrarte todo tal como existe, pero aun así te ofrecen una tremenda guía y conocimiento propio y del mundo que te rodea.

Uno de nuestros soñadores soñaba frecuentemente con estar en una reunión de trabajo en donde tenía el deseo de hablar, pero no podía hacerlo. Se vio a sí mismo sentado alrededor de la mesa con muchos compañeros de trabajo, y mientras iba la reunión repasaba sus papeles, reflexionando sobre lo que necesitaba decir. Nerviosamente pensó en muchas cosas que podía mencionar, pero se sintió abrumado por su incapacidad de hablar. Cuando finalmente sintió el valor suficiente para decir algo, ¡escupió agua de su boca!

Podemos usar tus sueños y tus sensaciones para guiar la interpretación de dicho sueño. Tomemos un momento para explorar esto, y para que puedas usar este consejo mientras continúas leyendo este libro.

Consejo: un Vistazo a la interpretación de los sueños

En este sueño establecemos que el soñador se siente ansioso y preocupado, por lo que utilizaremos este sentimiento para guiar la interpretación. Lo siguiente que notamos es que está en una reunión tratando de hablar, pero no puede hacerlo y en su lugar escupe agua. El soñador debe tomar esta información y reflexionarla en su vida despierta. Él puede hacer esto haciéndose esta pregunta:

¿Qué está sucediendo durante mi vida despierta que me recuerda a este sueño, específicamente los sentimientos asociados con el sueño?

Reflexionando sobre esta cuestión se dio cuenta de que estaba inseguro de compartir sus ideas durante las reuniones de trabajo. Le preocupaba que a los demás no les gustaran sus ideas y pensaran mal de él. Esta conexión es clave. Ya que tiene claridad sobre la situación en su vida despierta sobre lo que está produciendo este sueño, entonces tiene el poder de elegir cómo usar esta información. Frecuentemente veo a la gente interpretar un sueño e ignorarlo. Interpretarlo es sólo una parte del trabajo. El poder no está en su análisis sino en el siguiente paso: ¿qué haré con esta información? Esta pregunta sólo puede responderla el soñador.

Verás muchos más ejemplos de sueños a lo largo de este libro, pero cada persona debe elegir el próximo paso a tomar. En este caso el soñador se dio cuenta de que su ansiedad se activaba durante las reuniones del trabajo. Luego exploramos una forma amorosa de ver esta situación. Después de mucha discusión se dio cuenta de que necesitaba ser más amoroso consigo mismo cuando se le ocurrieran ideas que quisiera compartir. En lugar de ser autocrítico— como a menudo lo era— rápido para asumir que a los demás no les gustaría su idea, aceptó darse la oportunidad de sentirse orgulloso de sí mismo y percibir cualquier emoción mientras compartiera su idea con su equipo del trabajo. También trabajamos con ejercicios de respiración para mantener la calma mientras hablaba.

Ahora bien, el hecho de elegir una solución amorosa y permitirnos sentirnos incómodos en pro de nuestro propio crecimiento personal no es fácil al principio, pero te puedo asegurar que en cuanto más lo practiques más fácil se vuelve. Nuestro soñador nos informó que finalmente se siente seguro al compartir sus ideas y continúa usando los ejercicios de respiración y el hecho de permitir que fluyan sus emociones para ayudarlo mientras habla. ¡Incluiré una sección sobre esto más adelante en el libro para que puedas tener dichas herramientas a tu disposición cuando las necesites! Recuerda celebrar tus pequeñas victorias a lo largo de tu camino mientras tomas medidas proactivas en tu vida despierta, como le sucedió a nuestro anterior soñador.

¿Cómo puedo usar los Sueños del Presente para guiarme?

A lo mejor te estás preguntado si los Sueños del Presente en verdad pueden mostrarte algo que aún no sabes. Éstos nos ofrecen una oportunidad de vernos como con una lupa. ¡Magnificarán las cosas que más necesitas, deseas e incluso temes! Esto puede parecer insustancial al principio, ¡pero los Sueños del Presente nos ofrecen tres ideas principales que pueden cambiar nuestras vidas!

La primera percepción que nos ofrecen los Sueños del Presente es un "registro" inmediato con nuestro ser. Durante nuestra vida despierta estamos absorbiendo información e interactuando con la energía de otras personas. Todos estos recuerdos e interacciones energéticas se quedan con nosotros y aparecerán en nuestros sueños. Nos muestran qué tipo de poder estamos cargando. Por ejemplo, tal vez tengas un sueño lleno de preocupación y ansiedad. Un sueño que tiene fuertes sentimientos asociados es un reporte de tu bienestar emocional. Estos sueños pueden servir como una alerta amorosa, haciéndote saber que tienes mucho estrés y preocupación. El siguiente paso es identificar la situación precisa a la que está conectado el sueño en tu vida despierta. Recuerda, el Mundo de los Sueños te refleja algo que ocurrió en tu vida despierta, pero como te está haciendo un llamado de atención, el sueño puede exagerar el escenario. ¡Puede ser dramático! Es por eso que a veces las personas reconocen un escenario de su vida despierta pero luego ven imágenes que parecen fuera de lugar o tienen poco sentido. Un ejemplo puede ser soñar que te persigue un monstruo. ¡Exploremos esto más a fondo!

Supongamos que sueñas que un monstruo te persigue; estás asustado, preocupado, y ansioso. ¡Corres lo más rápido que puedes y el monstruo te sigue el rastro durante todo el sueño! Esto puede ser agotador, pero también te ofrece una oportunidad de aprendizaje. Lo primero de lo cual debes darte cuenta es que tus sentimientos son lo que sostienen el sueño. Lo que quiero decir con esto es que tus sensaciones son el factor más importante en la interpretación de tus sueños, así que préstales mucha atención. A continuación exploraremos la idea de ser perseguido. Cuando alguien te persigue y tienes miedo sientes una tremenda presión por dejarlo atrás para que no te haga daño. Ahora tomemos esta idea y reflejémosla en tu vida despierta. Hazte esta pregunta: ¿qué está pasando en mi vida despierta que me recuerda los sentimientos de este sueño? Encuentra una analogía. ¿Hay algo que te presiona o te hace temer no ser lo suficientemente rápido, tal como te hizo sentir el monstruo? Ésta puede ser una situación en la escuela o el trabajo que incluso puede hacer que dudes de tu capacidad para enfrentarla. Pero ahora, mientras tratas de identificar la situación en tu vida despierta, date cuenta de que este monstruo podría incluso representar a una persona en tu vida que provoca tales emociones en tu interior. Exploremos esto más profundamente.

Analizando tu vida despierta, sé muy honesto contigo: *¿sientes que alguien en tu vida ejerce una presión tremenda sobre ti?* ¡Tal vez un amigo, un maestro, un ser querido o incluso hasta tú mismo! Así es. Es posible que tú mismo te estés presionando enormemente.

A veces somos tan exigentes con nosotros mismos que podemos generar mucha presión interna: nos preocupamos y nos angustiamos. Este proceso por el que acabamos de pasar conecta el sueño con nuestra vida diaria. El acto de identificar la situación desde tu Mundo de los Sueños hasta tu vida despierta es increíblemente poderoso, porque lo que estás haciendo es observar conscientemente un momento de conexión contigo mismo en ambos mundos. Recuerda que las experiencias que te suceden cuando estás despierto y cuando estás en el Mundo de los Sueños te afectan emocionalmente al mismo nivel. Entonces al hacer esta conexión sabes lo que tu ser interno todavía carga emocionalmente y en lo que necesitas trabajar.

Ahora bien—como he enfatizado antes—lo que hagas con el significado de tu sueño depende de ti. Pero te sugiero que uses esta información para cultivar más energía amorosa y encuentres soluciones amorosas. Supongamos que soñaste con este monstruo porque sentiste que un ser querido te estaba presionando. Una solución amorosa podría ser hablar con tu ser querido sobre cómo te sientes, ya que es posible que esa persona ni siquiera sepa que hay un problema. Otra solución amorosa podría ser crear espacio amoroso/personal para apreciar lo mucho que has crecido y avanzado. Cuanto más practiques esto, más soluciones amorosas encontrarás e incorporarás en tu vida despierta.

La segunda percepción que nos ofrecen los sueños del presente es como un recordatorio para que prestemos más atención a una situación o persona en particular. A veces el sueño te muestra una imagen de alguien con el que estuviste interactuando previamente en el día o en la semana, y habrá un fuerte sentimiento asociado con esta interacción en el sueño que no notaste mucho en tu vida despierta. Te llegan estos sueños para iluminar un sentimiento que no has reconocido por completo. Te ofrecen la oportunidad de comprender lo que tu Yo superior estaba captando.

Muchos soñadores me han contado que situaciones molestosas del trabajo los siguen hasta su Mundo de los Sueños, pero se aparecen en una forma magnificada y exagerada. Esto te sucederá si hay algo que te preocupa, pero no lo has solucionado. El sueño incluso enfatizará algo que quizás hayas pasado por alto o ignorado. Los Sueños del Presente nos dan otra oportunidad de aprender de una situación. Ahora tú como soñador tienes control sobre lo que haces con esta información. Algunas personas pueden ver un sueño como éste y creer que la única razón por la que lo tuvieron fue por su preocupación por la situación en su vida despierta, y luego no hacen nada con la información. El objetivo que tenemos es apreciar este sueño como una alerta amorosa y aprender de la situación y los sentimientos asociados a ella para crear proactivamente lo que más necesitamos. La realidad es que sí, este sueño te llega porque estás preocupado por la situación en tu vida despierta, ¡pero el sueño ofrece mucho más si lo aceptas! Te ofrece la oportunidad de conocer por qué esta situación te preocupa tanto; incluso de hacer algo diferente en el futuro. Recuerda, si experimentas algo en tu vida despierta que te incomoda, pero no aprendes una lección de ello, puede aparecer en tu Mundo de los Sueños para que tengas otra oportunidad allí. Cuando recibas un sueño como éste, hazte las siguientes preguntas:

- ¿Qué puedo aprender de esta experiencia?
- ¿Cómo puedo actuar diferente la próxima vez para promover más amor en una situación similar?
- ¿Cómo puedo entender otras perspectivas de esta situación?
- ¿Cómo puedo tener más confianza en situaciones similares en el futuro?

Dependiendo de lo que estés soñando, las preguntas anteriores pueden ayudarte a ver la situación de manera diferente. Los Sueños del Presente nos ofrecen mucho como soñadores si sabemos utilizarlos positivamente.

¡Cualquier sueño que te muestra cómo te sientes actualmente o cómo una situación en tu vida despierta aún persiste en tu mente puede ofrecerte una oportunidad única! ¿Recuerdas el último Sueño del Presente que tuviste? ¡Qué poderoso te sentirías si supieras que tienes la posibilidad de cambiar tu vida en cualquier instante! Ésta es la fuerza que tienen los Sueños del Presente. Muchas personas creen que estos sueños son un revoltijo de ideas y emociones sin sentido, pero la realidad es que ofrecen una imagen de tu estado emocional, físico y de tu conexión espiritual. Debido a que estos sueños son un "reporte" de tu estado actual, te brindan la oportunidad de cambiar tu realidad.

Ahora que sabemos lo que significa un sueño ¡esto es sólo el comienzo! ¡El objetivo de este libro es ayudarte a comprender el idioma de tus sueños y saber que el poder de la creación está en tus manos! Puedes elegir vivir tu vida como siempre lo has hecho, o puedes decidir hacerlo con propósito e intención. Lo que sucede con los sueños es que una vez que conoces su idioma ¡no hay vuelta atrás! Estarás abierto y consciente de una fuerza dentro de ti que se ha despertado a través de la comprensión de tus sueños. Más adelante en este libro te presentaré el poder de los sueños lúcidos. Éste será otro lugar para que practiques el poder interno e infinito que posees. Por ahora concéntrate en recordar tus sueños del presente y sé proactivo en tu vida despierta actuando con amor y poder según el mensaje del sueño. Comienza a cambiar las cosas en tu vida despierta para reflejar lo que más deseas. Muy pronto tendrás otro sueño que te mostrará cómo estás progresando con tus cambios.

Capítulo 4
Sueños del Futuro

¿Alguna vez has tenido un sueño que luego se hizo realidad? Tal vez soñaste que visitaste Londres (aunque no tenías planes de hacerlo) o conociste a una persona en particular, y días después sucedió. Éstos son los sueños del futuro. Es importante tener en cuenta que dichos sueños están destinados a ser una alerta amorosa. Nos muestran que si todo sigue igual el sueño que vimos es un futuro probable. Nos recuerdan que tenemos un poder interno y la capacidad de decidir si queremos que esa perspectiva se haga realidad o no. Darle energía a un sueño en particular es algo que aprenderás más profundamente a medida que continúes con el viaje de tus sueños.

A medida que exploramos los Sueños del Futuro nuevamente se te presentará el tremendo poder que proviene de ellos. Específicamente practicarás la habilidad de crear el sueño que ya tuviste o uno diferente, basado en tus deseos internos. El poder de aceptar o negar un sueño tal como lo ves en el Mundo de los Sueños es una fuerza natural y asombrosa que todos tenemos, pero muy pocos juegan un papel activo en este proceso de toma de decisiones. Lo que frecuentemente comparten nuestros soñadores es que soñaban con un evento del futuro que temían y luego ocurrió el hecho. Muchas veces esto atemoriza al soñador y decide negar o ignorar este tipo de sueños. Pero vamos analizar esto de nuevo y exploraremos cómo podemos tomar una nueva decisión y crearla como una realidad alternativa. Seguro has escuchado de otros lados "a lo que le das energía, es lo que crecerá". Tal como lo expresa claramente la declaración, si le das energía a algo, estás permitiendo que crezca dentro de ti y pronto lo verás en tu vida despierta.

Una de las formas en que los Sueños del Futuro pueden beneficiarnos es si, ante todo, entendemos lo que el sueño está prediciendo. Una vez que captes este significado por los sentimientos e imágenes que te presentan, tú como soñador puedes decidir aceptarlo tal como es y creerlo. Cuando haces esto le estás dando energía e internamente diciendo: esto es real. De esta forma es posible ver que el sueño se cumpla.

Ahora bien, si no deseas que tu sueño se convierta en realidad, tienes la oportunidad de tomar algunas medidas preventivas y proactivas. Una es decidir y visualizar una realidad diferente y comenzar a decretar lo que realmente deseas en su lugar. Esta simple práctica ya es un regalo porque ahora te estás enfocando en lo que quieres en lugar del sueño que te mostró lo que no anhelas. Como compartimos anteriormente, cuando le das energía a algo, crece. Y eso se aplica aquí también. Con más práctica podrás ver un futuro diferente al enfocar tu energía en el resultado e inclusive sentirlo. Este tipo de enfoque puede cambiar tu vida. ¡Pero debes estar abierto a vislumbrar un futuro diferente!

Otra acción que puedes tomar cuando sueñes con algo que te inquieta es mantenerte neutral y prepararte para lo que pueda venir. Éste es el mejor curso de acción para los soñadores que no desean controlar un resultado, sino que prefieren que la vida se desarrolle de la manera más orgánica y armoniosamente posible. Frecuentemente elijo esta opción porque me doy cuenta de que las imágenes que veo como un futuro potencial aún provienen de mí y de la conciencia más amplia, en la que creo que todos tenemos un papel que desempeñar. Disfruto observar cómo la vida se desarrolla frente a mí y gozo las sorpresas que puede acarrear. Yo siempre me aseguro de estar preparada y tener la capacidad de apoyar a quienes me rodean si las imágenes que estoy viendo en el Mundo de los Sueños comienzan a manifestarse. Lo que quiero decir con prepararme es tener la energía más amorosa posible. Creo que el amor es la energía más fuerte que conocemos, y creo que el amor alimenta la creación en muchos niveles. Así que encarnar el amor es encarnar la fuerza. Me dejo ser en la energía del *amor, la unidad y la paz.* Cuando digo unidad me refiero a permitir que mi mente, mi cuerpo y mi alma se conecten completamente y, por lo tanto, se acoplen con la conciencia colectiva superior de este mundo. Cuando digo paz, me refiero a tener calma y aceptación interior. Cuando permites que tu mente, cuerpo y alma estén en paz, te concedes irradiar esa pacífica energía. *Y cuando te amas a ti mismo y a los demás puedes estar a gusto y encontrar la unidad y la paz contigo mismo.*

Cuando estás operando con semejantes energías, el sueño que una vez te perturbó será simplemente un futuro potencial desde el momento en que lo soñaste. Así que ahora no necesitamos enfocarnos en un resultado. Más bien el rumbo está en sentirse bien y estar en línea con tu Yo superior a través de la energía del amor, la unidad y la paz. Lo que esto provoca es que devuelve la atención a uno mismo y nos permite compartir ideas, pensamientos y acciones más amorosos, sin necesidad de centrarnos en un resultado particular. Esto te faculta a estar preparado si el sueño comienza a aparecer en tu vida despierta; ahora estás listo para ayudar y proporcionar más energía amorosa a quien lo necesite.

Es común escuchar que la gente teme los Sueños del Futuro. Pero ya ves, sólo desconfiamos de las cosas que no entendemos completamente. Entonces, cuanto más te conozcas a ti mismo y a tus sueños, más luz y comprensión producirás en tus Sueños del Futuro. Al final del día tus sueños te pertenecen, y si los temes, esencialmente te temes a ti mismo. Recuerda que los sueños te hacen poderoso porque muchos son alertas amorosas. No tengas miedo de buscar tu propia guía interna. Soñamos para vivir una vida mejor y para guiarnos a nosotros mismos y al mundo. Recibe tus sueños con los brazos abiertos y confía en tu intuición. Eres un ser poderoso y tus sueños son un sistema guía.

Capítulo 5

Dimensiones en los Sueños

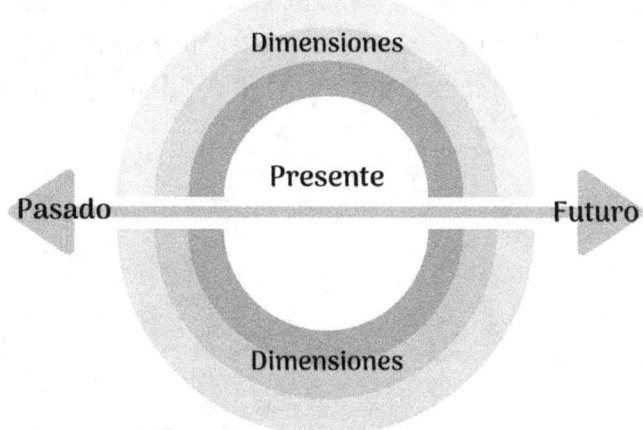

¿Alguna vez has tenido un sueño que sentiste que estaba *fuera de este mundo*, en el cual viste imágenes de cosas que no existen en esta realidad? ¡Es posible que hayas saltado a una dimensión diferente! Esto puede escucharse un poco extraño, especialmente si nunca has explorado esta idea. Pero no te preocupes, es mucho más "normal" de lo que parece. A menudo estos sueños ocurren cuando menos lo esperamos, e incluso pueden dejar a los soñadores confundidos respecto a su experiencia. ¡Exploremos sueños de otras dimensiones y aprendamos cómo podemos usarlos en nuestro beneficio!

En el diagrama de arriba se observa el Mundo de los Sueños que te presenté anteriormente. Recuerda que las dimensiones están ilustradas con arcos por encima y por debajo de la Línea del Tiempo del pasado, presente y futuro. Ésta es una imagen de cómo pueden aparecer los sueños de otras dimensiones. Pueden ser de una dimensión diferente en un escenario pasado, un escenario presente o incluso un escenario futuro. Estos sueños tendrán una sensación diferente. La mayoría de las veces, los soñadores comparten que tienen la sensación de que se trata de un sueño de otra realidad a la que esencialmente se "asomaron". Unos soñadores experimentan ser ellos mismos, y otros, ser alguien parecido a ellos. Compartiré algunas de las dimensiones que yo he sentido, así como algunas de las que nuestros soñadores han compartido con nosotros. Después de esto te explicaré cómo estos sueños ofrecen orientación y soluciones a tu vida cotidiana. ¡*Vamos a explorar!*

Imagen 1: Obra de arte creada por la autora, llamada Sueño Submarino. Pintura acrílica sobre lienzo.

Una de las dimensiones en las que he entrado y que siempre me trae alegría es un mundo submarino donde todos pueden respirar sin equipo de buceo. En este universo me uní a un grupo de personas que bailaban y disfrutaban de la libertad de moverse alrededor del agua azul clara y brillante. Respirar bajo el agua y moverme con tanta fluidez fue uno de los sentimientos más placenteros que he tenido. Esta experiencia fue tan conmovedora que la pinté para poder recordarla siempre. Lo que mejor atesoro fue conocer gente nueva, disfrutar los simples placeres de sentir el agua en mi piel y ver sus rostros sonriendo por unirme a ellos. ¡Incluso ahora recuerdo lo emocionada que estaba en el sueño y cómo exploré todo lo que pude del mundo submarino antes de despertarme!

Otra dimensión en la que he entrado muestra un tipo de sociedad muy diferente a la que tenemos actualmente. Es una sociedad donde la gente trabaja para complacer una raza más elevada de seres. Este sueño no fue placentero y no lo había compartido públicamente. Te lo comparto porque si has llegado hasta aquí en el libro, seguramente entiendes lo poderoso que pueden ser los sueños, tanto que si le das demasiada energía a un sueño, puedes comenzar a manifestar partes de él en tu vida despierta. Comparto contigo esta experiencia para que estés informado y para que sepas que puedes obtener una variedad de experiencias en sueños de otras dimensiones. Recuerda que siempre hay algo que aprender de cada experiencia, pero depende de ti, como soñador, a qué le prestas atención.

Mientras exploras otras dimensiones es posible que te veas tal como estás ahora, pero en un universo y una Línea del Tiempo diferentes. Esta experiencia puede parecer mágica y definitivamente *fuera de este mundo*. Es importante mantener la calma y la serenidad durante la experiencia del sueño. La razón por la que queremos hacer esto es porque tus sentimientos sostienen el sueño. Si comienzas a tener miedo y nervios, la experiencia de tu sueño comenzará a reflejarlo. Es por esto que promovemos permanecer en la energía del amor, la unidad y la paz durante todo el día y durante el sueño. Esto te ayudará a tener las experiencias más amorosas y poderosas en el Mundo de los Sueños. Si en algún momento comienzas a sentir miedo, practica tus ejercicios de respiración. Tengo una sección sobre ejercicios de respiración específicos en otro capítulo para ayudarte con esto. Recuerda, quédate contigo mismo y disfruta de tu experiencia. No estarás en el sueño para siempre, ¡así que gózalo mientras puedas!

Cuando experimentas sueños de otras dimensiones, incluso puedes verte a ti mismo como otra persona y palpar su experiencia. Esto sucede cuando eres bastante flexible y abierto para experimentar una realidad diferente. Lo anterior se debe a dos razones. La primera puede ser permitirle al soñador ver cómo es vivir como una persona diferente. Cuando tengas este tipo de sueño, analiza las siguientes preguntas para comprender mejor la razón de tener esta aventura en tus sueños:

1. ¿Cuáles son los desafíos que enfrenta esta persona?
2. ¿Cuáles son las similitudes y diferencias que ves entre tu propia vida y tu vida despierta?
3. ¿Cuál es tu experiencia general siendo esa persona?
4. ¿Qué es lo que más te llama la atención de esta experiencia?

Explorar las preguntas como soñador te permitirá comprender la necesidad de esta experiencia. Este tipo de sueños son comunes cuando comienzas a cuestionar tu vida y tu propósito dentro de ella. Esta anécdota también puede ayudarte a apreciar la vida que tienes actualmente, en contraste con la vida que experimentas en otra en la dimensión.

También puedes soñar que eres otra persona, una persona que no te agrada o en la que estás demasiado concentrado. Este sueño es una forma de "caminar en sus zapatos" por un momento y recopilar información adicional que puede haberse perdido en tu vida despierta. A veces, cuando interactuamos con personas mientras estamos despiertos, asumimos que los conocemos y que sabemos por lo que están pasando, pero el Mundo de los Sueños puede darnos una imagen más clara, ciertamente más dramática, para enfatizar las cosas que quizás no notamos. Cuando experimentas este tipo de sueño es importante que seas honesto contigo mismo. Otra razón por la que ocurre este sueño es como una realización de un deseo. Si admiras a alguien, es muy posible soñar que eres ellos por un día. Esto puede ser un reflejo de tu deseo interno de ser ellos y explorar la vida en sus zapatos. Cualquiera que sea la razón por la que te conectes, ésta es una oportunidad de aprendizaje que puedes atraer a tu vida despierta.

 ¿Qué sueños has tenido de otras dimensiones?

Pinta, dibuja o crea tu sueño de otra dimensión y compártelo conmigo. Lo agregaré a nuestro sitio web y mostraré tu trabajo. ¡Asegúrate de añadir enlaces a otras obras de arte que quieras que admire nuestra comunidad de soñadores!

¿Sueño o viaje astral?

¡Los sueños de estar en otras dimensiones son ilimitados y pueden permitirte experimentar la vida de una manera completamente diferente! Es posible que ni siquiera te veas a ti mismo en el sueño, sino que simplemente estés observando una situación desde lejos. Algunos soñadores se asustan cuando esto sucede, especialmente la primera vez que les ocurre, pero no hay necesidad de tener miedo. Recuerda, eres un ser poderoso. Ésta es otra forma de experimentar un sueño y aprender de tu Yo superior. Algunos soñadores preguntan si este tipo de experiencia es una proyección o viaje astral y quieren saber la diferencia entre eso y un sueño. La proyección astral es cuando tu conciencia deja tu cuerpo y viaja en el plano astral, lo que se llama viaje astral. Creo que el Mundo de los Sueños contiene todo lo que alguna vez fue, es y será. Entonces, ya sea que estés viajando astralmente o soñando, todavía se está trabajando en el universo y el campo energético. La lección aquí es aprender de tu experiencia, independientemente de cómo hayas llegado a ella para empezar. Ya sea que tu energía o conciencia esté viajando y experimentando esto fuera de tu cuerpo físico o si estás teniendo el sueño de observarte a ti mismo o a los demás, el resultado final es el mismo. Concéntrate en tu aventura y en lo que puedes aprender.

Cuando te ves observando una situación, una persona o incluso a ti mismo, es posible que te preguntes cuál es la cuestión, especialmente si estás observando a alguien que no conoces. El punto de cualquier experiencia de sueño es claro y se puede resumir en un frase pequeña: *oportunidad de aprendizaje*. Cuando seas un observador toma nota de los alrededores, quién está en el escenario y qué está haciendo. Más importante aún, ¿cómo te sientes mientras observas? Tu respuesta te ayudará a determinar la lección que necesitas aprender. Al final del día, el Mundo de los Sueños está aquí para guiarnos y prepararnos para nuestra vida despierta, por lo que debemos estar atentos. Esta práctica de permanecer en el momento durante un sueño y absorber todo lo que te rodea también te será útil en tu vida despierta. Te hará más consciente, alerta y sereno porque lo estás practicando en tu Mundo de los Sueños.

Capítulo 6

Sentimientos: Tu sistema guía

¿Alguna vez te han dicho que eres demasiado sensible? Muchos de nosotros escuchamos tales palabras mientras crecimos y pensamos que nuestros sentimientos de alguna manera nos debilitaban. La verdad es que nuestra sensibilidad es el sistema guía más fuerte que tenemos naturalmente. El problema surge cuando no sabemos cómo entender nuestros sentimientos o qué hacer con ellos. Por eso siento con tanta fuerza que los sueños están aquí para guiarnos, ya que están directamente relacionados con nuestro estado emocional. Reflejan nuestros sentimientos más profundos de una manera que los hace imposibles de ignorar. Estamos destinados a escuchar nuestros sueños para comprendernos mejor y dejarnos ser guiados por este hermoso regalo. Exploremos más sobre el uso de tus sentimientos como un poderoso sistema guía.

Algunos soñadores están abrumados por sus sentimientos porque piensan demasiado en lo que sienten. Recuerda que tu sistema guía interior te ofrece una gama de emociones y sentimientos, y siendo humanos tratamos de dar un nombre especifico a cada grado de emoción que sentimos. Mientras estudiaba las diversas listas de sentimientos y emociones, he llegado a creer que se clasifican en dos categorías principales: el sentimiento de Amor y el sentimiento de Miedo. Debajo del amor, encontramos la emoción del disfrute y sentimientos como la felicidad, la paz, la alegría, la satisfacción, etc. ¡Hay muchos más debido a que experimentamos varios grados de amor! De manera similar, bajo el miedo encontramos sentimientos como preocupación, ansiedad, confusión, estrés, etc. La razón por la que uso Amor y Miedo como términos generales es porque llegan al fondo del problema o la preocupación. Por ejemplo, si tienes un sueño que te hace sentir preocupado o ansioso, sabemos que el jugador principal aquí es el miedo. Ahora la pregunta es, ¿de qué tengo miedo? Puedes usar las imágenes de tu sueño para guiarte más, sin embargo los sentimientos son el mayor indicador de lo que sucede dentro de ti. De la misma manera, digamos que tienes un sueño que se percibe lleno de felicidad y alegría. Esto cae bajo el amor, y te permite saber que estás operando con energía amorosa. ¡Este sencillo sistema puede cambiar tu vida! No hay necesidad de complicar el sistema guía; los detalles saldrán a la luz a medida que comiences a practicarlo.

Mientras soñamos nuestro Mundo de los Sueños se sostiene con nuestras emociones. Entonces, si te vas a dormir con mucho estrés y preocupación, es probable que tus sueños lo reflejen. Lo mismo se puede decir si estás en un estado de amor y alegría. Tus sueños también reflejarán eso. Algunos soñadores se quejan de los sueños que les provocan miedo y tristeza porque esos sentimientos pueden ser incómodos, pero antes de tratar de evitar estos sentimientos en tus sueños, pregúntate *¿por qué me estoy aferrando a este sentimiento? ¿Qué está pasando en mi vida en este momento que causa este mismo sentimiento que estoy experimentando en mi sueño?* Una vez que puedas hacer esa poderosa conexión, estarás agradecido por todos los sueños, incluso si son incómodos, porque sabrás que sólo te están mostrando la energía con la que estás operando. Recuerda que los sueños que se sienten incómodos son los que provocan mayor oportunidad de crecimiento personal ¡así que dale la bienvenida a la experiencia!

Una de las preguntas que recibo con más frecuencia es: ¿Cómo puedo deshacerme del miedo después de un sueño aterrador? Ésta es una gran pregunta, porque estoy implorando para que te conectes con tus sentimientos y emociones. Pero entonces, ¿qué es conveniente hacer después de una experiencia aterradora?

Queremos reconocer el miedo, pero ciertamente no queremos enfocarnos en él. Voy a compartir contigo una práctica que he realizado ya varias veces. Se trata de mantener los ojos cerrados.

Cuando te despiertes de un sueño aterrador mantén tus ojos cerrados y simplemente respira. Permite que tu estómago se expanda por completo y exhala naturalmente. Haz esto varias veces, aún con los ojos cerrados. Luego coloca tus manos en tu pecho, sobre tu corazón y di: "Gracias por esta revelación". Decimos esto porque, aunque el sueño fue espantoso, sabemos que es del tipo de sueños que nos ayudarán a crecer. Después de esto, toca las sábanas de tu cama para confirmar que estás de vuelta y que todo está bien. En este punto deberías sentirte más tranquilo. Si aún no estás así está bien, tómate tu tiempo. Pero no abras los ojos hasta que te sientas sereno y en paz. Ya cuando estes así abre los ojos y comienza tu día. Quizás te preguntes por qué no te digo que saltes de la cama y comiences tu día rápidamente. La razón por la que quieres mantener los ojos cerrados es que, si los abres con energía de miedo y comienzas tu día, esencialmente estás comenzando tu día con miedo. En cambio, toma tu tiempo, permítete respirar, estar tranquilo y sereno, luego, cuando abras los ojos y comiences tu día, estarás iniciando con energía amorosa. Ser paciente contigo mismo y permitirte tomarte el tiempo necesario para respirar y calmarte son regalos que te estás dando. A lo mejor te preguntas también por qué no te aconsejo que escribas tu sueño o comiences a interpretarlo. Esta parte es crítica: nunca empieces a analizar tu sueño con miedo. La razón es que si estás mirando una situación con ojos de miedo, el miedo sólo se amplificará en tu interpretación, en ti mismo y en el resultado que esperas que tenga tu sueño. Es imperativo que permanezcas solo hasta que puedas estar en una energía tranquila y pacífica; luego, cuando interpretes tu sueño, podrás detectar las lecciones de amor y las alertas que te proporciona. Esto te permitirá recopilar la información que necesitas, pero de una manera amorosa que promoverá más amor dentro de ti.

Esta práctica de moverte de la energía de miedo (ansioso, preocupado, etc.) a la energía amorosa (calmada, serena, pacífica, etc.) puede tomar algún tiempo para dominarla. Pero cuanto más tiempo le dediques ahora, más fácil se te hará. Esta práctica no sólo te ayudará cuando se trata de despertar de un sueño, sino que también es un método que puedes usar en cualquier momento en tu vida despierta. Algunos de nuestros soñadores sufren de ansiedad y descubrieron que realizar este ejercicio durante el día los ayuda en diversas situaciones. Uno de nuestros soñadores tuvo que dar una presentación frente a su clase. Estaba bien preparado, incluso esperaba con emoción el evento, pero en cuanto más se acercaba el momento, comenzó a dudar de su capacidad y se puso cada vez más ansioso. Mientras aumentaba su ansiedad recordó haberse sentido de la misma manera al despertarse de una pesadilla a principios de la semana. Tuvo presente el ejercicio de respiración que hizo la noche anterior, y comenzó a respirar profundamente para calmarse. Colocando sus manos sobre su pecho permitió que su estómago se expandiera por completo y exhaló con calma, recordándose a sí mismo que todo estaba bien. Después de hacer esto unos minutos pudo calmarse naturalmente. Varios soñadores comparten que ya no necesitan hacer este ejercicio por mucho tiempo porque han aprendido a trabajar con su sistema guía. Recuerda que tus sentimientos reflejan tu estado actual, así que acéptalos y permite que te ayuden en tu vida despierta y en el Mundo de los Sueños.

Capítulo 7

Métodos creativos y consejos para recordar tus sueños

¿Recuerdas fácilmente tus sueños o te cuesta trabajo hacerlo? A algunos de nuestros soñadores les cuesta trabajo, así que ofreceré algunos consejos útiles. Antes de compartir estas sugerencias, exploremos primero por qué muchas personas no recuerdan sus sueños. Una vez que los soñadores descubren qué beneficiosos son sus sueños, desean recordarlos. Pero si no han practicado, entonces puede ser difícil al principio. El proceso de recordar tus sueños es como un músculo que, si no lo usas mucho se debilita. Si lo usas y lo entrenas, se volverá más fuerte. A menudo el problema con recordar los sueños se debe a la falta de práctica. Muchos soñadores dicen que cuando eran niños y tenían una pesadilla la compartían apasionadamente con sus padres, sólo para que sus padres respondieran: "No te preocupes; es sólo un sueño." Esta experiencia tan común es parte de la razón por la que recordar los sueños es tan difícil.

Exploremos esto más a fondo. De niños dependemos de nuestros padres para recibir orientación y dirección, por lo que si descartan algo o nos dicen que no es importante, lo tomamos en serio y lo desechamos también. Si tomamos en serio este mensaje de que *es sólo un sueño,* entonces vemos los sueños como innecesarios y, por lo tanto, requerimos más práctica para recordarlos, ya que los hemos estado ignorando durante mucho tiempo. ¿Te imaginas cómo sería tu conexión contigo mismo si, a una edad temprana, supieras qué importantes son tus sueños? Tu y muchos otros serían más conscientes de sus deseos y miedos internos, y utilizarían los sueños para guiarse a lo largo de su vida. ¡Lo hermoso es que nunca es demasiado tarde! Soñar es parte del ser humano, un don que todos tenemos y al que podemos acceder en cualquier momento. ¡Sólo necesitamos un poco de guía y práctica!

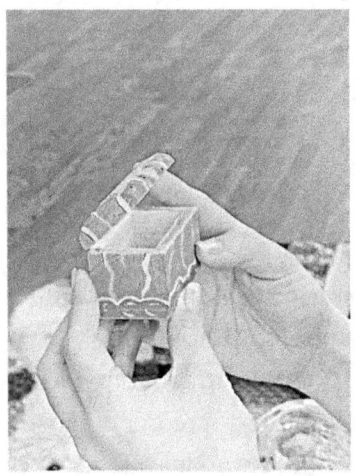 

Imagen 2: Me gusta usar nuestra Caja de Deseos para practicar. Ésta es una caja pintada a mano que diseñé para nuestro Dream Team.

Consejo 1: Enfócate en un objeto

El primer consejo que compartiré contigo no es muy conocido, ¡pero me ha ayudado a mí y a nuestros soñadores tremendamente! Todo lo que necesitas hacer es elegir un objeto cerca de ti y concentrarte en él. Para esta práctica me gusta tomar un objeto en mis manos porque sentirlo es parte del truco. Sostén este artículo en tus manos y míralo de cerca. Presta atención a sus bordes, curvas, imperfecciones, color, olor, diseño, textura, etc. Respira profunda y tranquilamente, permite enfocarte sólo en este objeto. Quédate aquí en este momento con tu respiración y el objeto. Haz esto varias veces al día. Esencialmente lo que estás haciendo es ser consciente de una cosa y permitir que tu respiración te mantenga tranquilo, sereno y unido a ti mismo. Comenzarás a relajarte, encontrando esta práctica agradable. Probablemente te estés preguntando, *¿cómo me va a ayudar esta extraña práctica a recordar mis sueños?* Porque este estado mental actual se reflejará para ti en el Mundo de los Sueños. Todo lo que estamos haciendo en realidad, es repetir una acción hasta que comience a aparecer en nuestros sueños.

Esta práctica te permitirá recordar tus sueños debido a la cantidad de tiempo y atención que le dedicas a un elemento, y también porque tu intención detrás de esto es recordar tus sueños en detalle, el mismo con el que estás observando este elemento. ¡Esto no sólo te permitirá recordar tu experiencia en los sueños, sino que también puede ayudarte a tener un *sueño lúcido*! Exploraremos los sueños lúcidos en otro capítulo y te ayudaremos a experimentar más de ese tipo para que puedas sanar, crecer y explorar con la ayuda de tu ser superior a través de la conexión de tus sueños.

Imagen 3: Me gusta mantener mis manos en esta posición antes y después de la meditación, sin embargo tú puedes hacer lo que sientas que funciona para ti.

Consejo 2: Medita

Es posible que estés notando un patrón aquí: cuanto más tranquilo y más unido estés contigo mismo, más probable es que recuerdes tus sueños y más probable es que estén llenos de paz. Nuestros soñadores encuentran que la meditación es una de las formas más útiles de recordar sus sueños, tener experiencias amorosas y sentirse en paz durante todo el día. Quiero compartir contigo una meditación guiada muy especial que los miembros de nuestro Dream Team crearon juntos. Puedes acceder al video, titulado *Meditación Guiada para promover los Sueño Lúcidos*, en mi canal de YouTube y en nuestro sitio web. Esta meditación promueve un momento de unidad contigo mismo mientras respiras profundamente y permites que los pensamientos simplemente fluyan. Este ejercicio en particular lo creamos específicamente para fomentar sueños lúcidos pacíficos y creativos. Ofrece un momento de reflexión y toma de decisiones similar a un sueño lúcido. No daré todos los detalles aquí porque es importante que la escuches con la mente abierta y permitas que tu yo presente te muestre lo que más necesitas. La idea aquí es simple: cuando practicas ser más consciente en tu vida despierta, esto se reflejará en el Mundo de los Sueños. La meditación es una forma de unir la mente, el cuerpo y el alma, y esta práctica puede ser muy efectiva. *¡Aquí está tu oportunidad de tener más sueños lúcidos! ¡Realiza la Meditación para promover Sueños Lúcidos y escribe tu experiencia a continuación!*

 **¿Qué sentiste durante Tu Meditación Guiada de Sueños Lúcidos?**

_____
_____
_____
_____
_____
_____
_____
_____
_____

Imagen 4: Este Cojín de Intención está hecho a mano. Disfruto elaborar uno específicamente para cada soñador. Si lo colocas al lado de tu cama te acordarás de usarlo todas las noches

Consejo 3: Usa un Cojín de Intención

Una práctica que ha funcionado para nuestros soñadores de todas edades es usar un Cojín de Intención antes de dormir. Establecer una intención antes de acostarse es poderoso porque te preparará para entrar al Mundo de los Sueños con un objetivo en mente. Esta práctica anima a los soñadores a reflexionar sobre lo que más necesitan y permite una conexión profunda con su ser antes de dormir. El cojín tiene un pequeño bolsillo para almacenar un papelito donde puedes escribir tu intención. Después de eso sostén el cojín cerca de tu corazón, enfocándote en lo que escribiste. Haz una pausa para respirar profundamente, conectándote con esta intención y con tu respiración. Esta práctica te ayuda a prepararte para aprovechar al máximo tu sueño y te permite practicar ser un creador consciente. Nuestros Cojines de Intención están hechos a mano. Sentimos que elaborar estos cojines con amor es fundamental porque queremos compartir esta energía amorosa con los soñadores que los usan. Si no los has probado, hazlo y comparte tu experiencia con nosotros. Recuerda que puedes usar cualquier cojín que quieras, ¡incluso puedes hacer el que te represente mejor!

Imagen 5: Muchos de nuestros seguidores tuvieron éxito al soñar con el océano relajándose y meditando en la tina. Parece extraño, ¡pero pruébalo!

Consejo 4: Mientras estés despierto, practica lo que quieras soñar

Este consejo puede parecer sorprendente, pero si practicas lo que quieres soñar, eventualmente aparecerá en el Mundo de los Sueños. Déjame explicarte el proceso. Digamos que en invierno tienes un profundo deseo de nadar en el cálido océano. El océano siempre te brinda una sensación de calma, calidez y unidad con la naturaleza. Quieres soñar con ello, pero no estás seguro de cómo hacerlo. Así que decides recrear una aproximación cercana en tu vida despierta tomando un baño tibio. Eso tendrá que ser suficiente por el momento. Así que te metes en la tina y empiezas a imaginarte en el océano. Haz una pausa para sentir el agua tibia en la punta de tus dedos y sobre tu piel. Imagínate el sol brillando en tu cara y siente la paz que te invade. Toma tu tiempo, disfruta de esta sensación y, para tu sorpresa, cuando te vayas a dormir por la noche ¡podrías encontrarte soñando con nadar en el océano y recordarlo! Esta experiencia ocurre porque estás usando tu vida despierta de manera intencional. Entonces recuerdas esta experiencia por el sentimiento que te acarreó y por la clara conexión que hiciste con tu práctica anterior en tu tina. Al hacer esto con los ojos cerrados estás uniendo tu mente, cuerpo y alma en esta experiencia mágica, por lo que te sigue concéntricamente reflejándose en tu vida despierta. En esta poderosa práctica estás siendo un creador consciente tanto en tu vida despierta como en el Mundo de los Sueños. Muchos soñadores recuerdan este tipo de experiencia onírica porque se conecta con su deseo interior, refleja algo que han practicado en su vida despierta y sus sentimientos son poderosos y alegres. Puedes recrear este tipo de experiencia para cualquier sueño que desees tener. Recuerda, El Mundo de los Sueños puede ser curativo, puede ser un lugar para explora; incluso puede ser un lugar para aprender. ¡El poder está dentro de ti, pero también depende de ti decidir cómo usarlo!

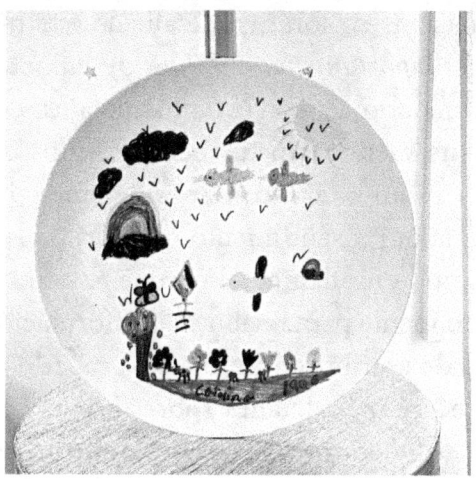

Imagen 6: Cuando era niña, hice esta obra de arte con imágenes de mis sueños que me traían felicidad. Hasta el día de hoy lo uso como un recordatorio de que mis sueños siempre han estado conmigo y siempre me recuerdan elegir el amor.

Consejo 5: Revalora un Sueño de Antes

Si se te hace difícil recordar tus sueños actuales pero recuerdas uno de tu pasado, ¡ya estás en el camino correcto! Es muy probable que un soñador olvide sueños recientes, pero puede recordar uno de hace años, o incluso uno de la infancia si le dejó una buena impresión. ¡Esto es todo lo que necesitas para empezar! Toma el sueño y revalóralo.

Lo que quiero decir con esta afirmación es que le des todo el significado que merece y los detalles posibles para enriquecer tu recuerdo del sueño. Supongamos que recuerdas un sueño de tu infancia en el que jugabas con tu primer perro. Notas que tu perro se alegró al verte y que estabas jugando en el patio, pero vamos a darle más detalles. ¿De qué color era tu perro? ¿Era de día o de noche? ¿Quién estaba contigo? ¿Qué juego estabas jugando? ¿Escuchaste algo de fondo? ¿Qué ropa traías puesta?

¿Qué sentías y pensabas? Al explorar en detalle de esta manera le estás diciendo a tu cerebro: ¡*Sí, esto es importante para mí! ¡Estoy tratando de recordar mi sueño!* La acción que estás tomando al revivir tantos detalles esencialmente conectará los pensamientos de tus sueños con tus pensamientos de tu vida despierta. Es posible que comiences a sonreír al recordar este sueño o incluso a entristecerte si extrañas a tu perro. Cualquier sentimiento que surja, permítele expresarse. Esta conexión contigo mismo es fundamental porque te unirá aún más con ese sueño en particular y abrirá tu mente para recibir más información. Cuando realices este ejercicio siéntete libre de escribir en un diario, grabarlo en un video o pintarlo. Posteriormente te ofreceré más detalles sobre formas creativas de recordar tus sueños, para que puedas tener una serie de herramientas a tu alcance.

Imagen 7: ¡Explora lo que funciona para ti! Cada quien tiene su propia manera de recordar sus sueños.

Consejo 6: ¿Poner la alarma o beber agua antes de dormir?

Existe un consejo que a menudo recomiendan los soñadores, pero quiero inspirarte y darte más información sobre él antes de que lo uses como tu técnica principal para recordar tus sueños. Se trata de configurar una alarma para que te despierte a las 2:00 o 3:00 a. m., luego apunta lo que recuerdas de tu breve sueño. Esto puede ser efectivo, pero quiero que tengas cuidado con esto. Si constantemente te despiertas con una alarma a esta hora, es posible que adquieras el hábito de despertarte a esa hora incluso sin alarma. Puedes pensar que ésta es una buena idea porque te ayuda a recordar tus sueños, pero lamento decirte que pronto te agotará porque estás deteniendo tu ciclo natural de sueño noche tras noche. Es posible que tengas problemas para volver a dormirte, o incluso que te despiertes y sientas que no has descansado bien por la noche. Agrego esta advertencia aquí para que seas plenamente consciente de lo que puede ocurrir si comienzas esta práctica regularmente.

El otro consejo que escucho comúnmente compartido entre los soñadores es beber agua antes de acostarse para que la necesidad de usar el baño los despierte. Esto es como un despertador físico. Tampoco recomiendo esto, sin embargo me gustaría brindarte mi perspectiva. Beber agua antes de acostarse ciertamente puede despertarte durante la noche y ayudarte a recordar tus sueños. Pero muchos soñadores me dicen que se despiertan con la sensación de usar el baño y tienen dificultad para recordar el sueño porque todo lo que pueden pensar es en correr al sanitario. Los soñadores también me han informado que tienen dificultades para conciliar el sueño después.

Aunque yo personalmente no los recomiendo, comparto estos métodos contigo porque los encontrarás por algún lado. Recuerda, tu proceso es único y, aunque no prefiero estos métodos, eres libre de elegir lo que mejor te funcione. Recuerda, hay otros consejos que puedes usar para recordar tus sueños que no interfieren con tu ciclo de sueño.

Imagen 8: Éstas son algunos de los primeros Diarios de Sueños que pinté para nuestros soñadores. Me encanta pintar libretas especiales para nuestros soñadores.

Consejo 7: Diario de Sueños (Libreta de Sueños)

El consejo más común y popular que probablemente has escuchado es escribir un diario. Ésta es una herramienta muy efectiva. ¡Describiré una forma de usar un diario para documentar tus sueños, pero también te ofreceré formas creativas para testimoniar tus sueños sin tener que escribirlos! Los diarios de sueños son populares, como mencionamos anteriormente con el Consejo 5: Revalora un Sueño de Antes, porque simplemente puedes poner todos tus pensamientos en papel.

Aplicarás una práctica similar a tu diario de sueños; solamente será con tu sueño más reciente. Toma tu tiempo y aprecia tu sueño, luego describe lo que viste, sentiste y pensaste. Si recordar tus sueños es un proceso nuevo para ti, presta mucha atención a los detalles para que puedas usarlos a rememorar todas las áreas de tu sueño y, esencialmente, ¡revivir la experiencia! Cuando te permites fluir con tu recuerdo del sueño al escribirlo lo estás experimentando de nuevo; sólo que esta vez puedes rebobinar, avanzar rápidamente, acercarte, etc. Al tomarte el tiempo para escribir tu sueño estás permitiendo una conexión completa de mente, cuerpo y alma. No te apresures, disfruta del momento. Deja que tu mente detalle tanto o tan poco como elija; no la fuerces. Queremos mantener un ritmo agradable y fluido mientras escribimos nuestro sueño para que la experiencia pueda ser amorosa y que nos brinde consuelo. Si aceleras este proceso o te agitas porque no puedes recordar toda la información crearás resistencia con tus sueños. Todo está bien, quédate conmigo y sé paciente contigo mismo. ¡Lo estás haciendo genial!

Métodos creativos para recordar tus sueños y trabajar con ellos

Ahora que hemos cubierto las formas tradicionales de recordar los sueños, exploremos el lado más creativo del recuerdo de los sueños. Los siguientes consejos son prácticas que nos llegaron intuitivamente durante nuestros Círculos de los Sueños. ¡Así que vamos a explorarlos juntos y divertirnos!

Pintar/dibujar tu sueño

¿Te gusta pintar o dibujar? Si es así, ¡entonces prepárate para fluir con tu sueño como nunca antes! Quizás te estás preguntando cómo pintar o dibujar un sueño que fue una experiencia larga o complicada. No te preocupes. ¡Empecemos poco a poco y sigamos avanzando! Recuerda que el arte no tiene límites, y tus sueños tampoco. Así que déjate fluir con la experiencia y permite que el arte se te manifieste. Lo primero que quieres hacer es conectarte con los sentimientos de tu sueño. ¿Te recuerdan a un color o una imagen en particular? En caso afirmativo, usa el color o imagen en tu arte. Ahora pasemos a las imágenes: ¿qué viste en tu sueño? Puedes pintar o dibujar el escenario, las imágenes, las personas, etc. Anota lo que más represente tu sueño. Ahora bien, recuerda, puedes crear tu arte en etapas, así que siéntete libre de jugar con tu sueño y simplemente deja que las imágenes te inspiren. Algunos soñadores encuentran esto abrumador o complicado al principio, pero recuerda respirar profunda y tranquilamente mientras pintas. A medida que comienzas a hacer esto, es común recordar otras imágenes que no estaban ahí la primera vez. Deja que se presenten en el orden que sea más natural. Una vez que sientas que la imagen que tienes delante representa tu sueño lo suficientemente bien, da un paso atrás y analiza tu trabajo. Dependiendo del tipo de sueño que haya sido, notarás patrones. Por ejemplo, si en este sueño sentiste miedo, puedes notar que ciertos colores se repiten. También puedes notar una persona o un lugar en tu sueño que te recuerda un evento o situación en tu vida despierta. ¡Incluso comenzarás a recordar otros sueños relacionados con éste!

Esta parte es crítica. Pronto discutiremos los sueños repetitivos, ¡así que mantente atento! Durante el proceso de reflexionar sobre tu arte notarás que surgen sentimientos similares a aquéllos asociados con tu sueño, y está bien. Esta obra de arte es simplemente un reflejo de tu estado actual, y lo hermoso es que, como el creador, ¡puedes hacer los cambios que necesitas! Digamos que este sueño fue sostenido por el miedo. Si ése es el caso, respira y relájate por un momento. Ahora que tienes tu sueño ante ti, míralo con ojos amorosos. ¿Qué puedes aprender de ti mismo a través de este sueño? ¿Te preocupan las cosas que están fuera de tu control? ¿Te preocupa tu futuro? Cualquiera que sea la raíz del miedo, la sentirás mientras trabajas con tu sueño y la obra de arte que tienes delante de ti. Una vez que reconozcas la raíz, ¡vamos a encontrar la lección amorosa! Cuando determines qué significa el sueño para ti, pregúntate: "*¿Qué voy a hacer con esta información?*" El sueño en este punto es una alerta amorosa que nos informa que hay demasiado miedo en ese aspecto particular de tu vida. Así que vamos a darle más amor.

Digamos que tu sueño demostró que te preocupas por varias cosas que están fuera de tu control, como una situación laboral o de tus estudios que no puedes cambiar. Ahora bien, en tu mundo perfecto, ¿cómo sería realmente? ¿Cómo te gustaría sentirte en esa situación? ¿Qué te gustaría ver? Toma las respuestas y haz un dibujo o una pintura. Dedícale tiempo y date cuenta de que con cada trazo de pintura estás creando potencial en otra realidad. Recuerda, cualquier cosa en la que nos enfocamos crece. Así que concentrémonos en una forma más amorosa. No tienes por qué analizar las cosas pesadas. Reconoce cómo te sientes. Encuentra tu solución amorosa. Acepta la solución amorosa y el sentimiento como tu nueva realidad. Esto puede sonar un poco irreal, pero entiende que eres un creador. Se nos ha enseñado a pensar de manera "realista", aceptando sólo lo que vemos ante nosotros como verdadero. ¿Por qué es así? Tiene poco sentido, considerando que todas las cosas son primero un pensamiento, luego una idea; y luego, dependiendo del enfoque y la energía que se les otorgan aparecen ante nosotros. Entonces, ¿por qué no ser proactivo e imaginar conscientemente? Somos creadores. Vamos a aprovechar de esto y a reinventar la realidad amorosa que queremos.

Grabación de sueños (audio y video)

¡Esta idea es para aquellos soñadores que prefieren hablar y disfrutan narrando sus sueños! Recuerda, no hay solamente una manera de hacer esto. Te recomiendo que pruebes varias opciones. Una vez que tengas el sueño que deseas describir, usa tu teléfono u otro dispositivo de video o audio para grabarlo. Para empezar, lo mejor es cerrar los ojos y respirar con calma. Esto te permitirá reconectarte contigo mismo y revivir el sueño hasta cierto punto. Puedes notar que aparecen nuevas imágenes o nuevos símbolos. Permite que se incorporen y disfruta de tu experiencia de narración. Procura ser lo más detallista posible para que puedas visualizar el sueño nuevamente. Si empiezas a emocionarte está bien. Sólo quédate contigo mismo y respira. Cuando te digo que *te quedes contigo mismo*, me refiero a seguir respirando y permanecer en el momento. Si comienzas a reírte o a llorar, o si se te pone la piel de gallina, recuerda que esto es completamente normal. Tu reacción a la experiencia de recordar tu sueño es única y es un momento para atesorar. Cuando hayas terminado de grabar puedes ponerle un título que capture los puntos principales de tu sueño para que puedas acceder a él en el futuro. Cuanto más practiques recordar tus sueños y domines la comprensión del idioma de tus sueños, mejor podrás a realizar tus grabaciones. Una de las principales razones por las que digo esto es porque es probable que experimentes cosas en tu vida despierta que te recuerden a un sueño; luego, a medida que comiences a ver estos elementos en tu vida cotidiana, puedes usar tu sueño para obtener más orientación. Esto no sucederá de inmediato, pero cuanto más practiques más fácil será usar tus sueños para obtener orientación.

Compartir tus sueños

¡Voy a contarte una práctica que hacemos con frecuencia durante nuestros Círculos de los Sueños! Nos encanta compartir nuestras experiencias durante reuniones de amigos. Cuando compartes tu sueño te está reconectando contigo mismo y también invitas a tus seres queridos a comunicar esta experiencia de reflexión. Cuando todos tienen el mismo sueño se conectan con su propio ser y con los demás en una forma muy profunda. Muchos de nuestros soñadores disfrutan de nuestros Círculos de los Sueños, porque esta hermosa práctica ayuda a todos los involucrados. ¡Tenemos momentos de crecimiento, de aprendizaje, de sanación y de alegría! Cuando compartas asegúrate de seguir las sugerencias ya mencionadas anteriormente de describir tu sueño con el mayor detalle posible. Esto te ayudará a recordarlos mejor, mientras que también permitirá que otros aprendan de tu Mundo de los Sueños. Una vez que compartas tus sueños y escuches los sueños de otros, comenzarás a ver cómo cada uno de nosotros tiene un idioma de sueños único. Las cosas que notas y la forma en que las ves y las entiendes son únicas para ti. ¡Así que atesora eso y disfruta de este hermoso procedimiento!

Canciones y poemas sobre sueños

Si eres un amante de las canciones o escribes poesía, deja que tu sueño fluya a través de este proceso creativo al componer algo con él. Cuando registras tu sueño de una manera que es agradable, es más probable que recuerdes más sueños y que tenga una experiencia más amorosa en conjunto. Queremos asegurarnos de que mientras componemos algo, nuestros sueños nos comunican energía amorosa. ¡Así que toma tu tiempo para ver si esta ruta creativa es adecuada para ti! Una vez que termines de describir tu sueño en detalle a través de un poema o una canción, dale un título. ¡Antes de que te des cuenta, tendrás un libro lleno de tus expresiones artísticas!

Tabla de sueños

Si deseas una forma rápida de registrar tu sueño, usa esta divertida tabla para acceder rápidamente a dicha información en el futuro. Lo bueno de este esquema es que te permitirá ver fácilmente los temas de tus sueños. Por ejemplo, vamos a suponer que esta semana un tema recurrente de tus sueños fue asociado a la escuela o al trabajo. Otro ejemplo es tener sueños en los que sientes mucha ansiedad y preocupación. Esto significa que el tema semanal es sentimientos angustiantes. Cuando puedes mirar hacia atrás en una semana en particular y captar los temas en común, puedes comprender mejor lo que te preocupa en tu vida despierta. Este método es uno de mis favoritos. ¡También puedes hacerlo por mes o incluso por año! Al final del año hago un video que resume los sueños y temas más solicitados en nuestra comunidad de YouTube . Cuando lo haces tú mismo, capturas tu estado subconsciente durante fin de año; y puedes usar esta información para guiarte hacia el Año Nuevo. Por ejemplo, si un tema predominante para ti fueron los sueños con ansiedad, sabes que necesitas incluir más espacio para las cosas que te traen paz y alegría. Tal vez decidas agregar la meditación a tu rutina matutina o vespertina, o incluso considerar unirte a nuestro Dream Team en TikTok o nuestros Círculos de los Sueños. Este tipo de enfoque proactivo es lo que te ayudará en tu vida despierta. ¡Es hora de recuperar tu poder y usar tus sueños para guiarte! ¡Usa la tabla a continuación para comenzar!

Tu Guía de Sueños

Título de Sueño	Es posible que desees agregar esto al último, una vez que tengas una mejor idea del significado del sueño.
Sentimientos/Emociones	¿Que estabas sintiendo durante el sueño?
Imágenes/Símbolos	¿Había personas, animales, lugares, imágenes, etc.?
¿Qué paso?	¿Qué sucedió durante el sueño?
Colores	¿Qué colores te llamaron la atención, si es que hay alguno? ¿Fue de día o de noche?
¿Te recuerda algo de tu vida despierta?	Refleja el sueño a tu vida despierta: lo que está sucediendo ahora o anteriormente que te recuerda al sueño. Básate en los sentimientos e imágenes del sueño.

¡Elige un sueño e intenta a continuación!

Título de Sueño	
Sentimientos/Emociones	
Imágenes/Símbolos	
¿Qué paso?	
Colores	
¿Te recuerda algo de tu vida despierta?	

Lista de un sueño

Ahora bien, si crees que todo lo anterior consume demasiado tiempo, no te preocupes. ¡Tengo otra opción para ti! En una hoja de papel, pon la fecha y luego simplemente enumera o anota lo que recuerdas del sueño. A continuación, te muestro un breve ejemplo:

Noviembre 23, 2021

- Amigos de la escuela
- En autobús
- Nervioso
- Quería bajar del autobús
- Día

¡Esta lista es una captura rápida de tu sueño que sólo toma unos segundos! Recomiendo este procedimiento cuando tienes poco tiempo, pero aun así deseas aumentar tu conocimiento personal de sueños, o si has completado las prácticas más detalladas y sólo necesitas una lista de elementos para recordar completamente el sueño. Recuerda, puedes elegir el método que funcione mejor para ti. Ciertamente no tienes que limitarte a uno solo. ¡Puedes elegir una combinación de prácticas que disfrutes!

Una de las mejores cosas de este libro es que puedes usar diferentes métodos dependiendo de tu sueño. Por ejemplo, si tienes un sueño que es simplemente un reflejo de una preocupación que tienes en tu vida despierta y ya estás haciendo cambios amorosos en tu vida, entonces una tabla o incluso una lista será suficiente. Sin embargo, si tienes un sueño que está fuera de este mundo —esos sueños que son mágicos y te llenan de alegría y amor— entonces querrás escribirlo en detalle, pintarlo, escribir un poema ¡o todo lo anterior! A lo mejor piensas que hacer todas esas cosas sería una exageración, pero cuando tienes un sueño que es tan memorable y te hace sentir tan bien, ¡querrás hacer esto! Te digo un secreto: mi sueño favorito es uno en el que estaba en el universo, visitando la constelación de Orión con enormes seres de luz; ya compartí este sueño en un video público en YouTube. Lo describí con gran detalle, hice varias pinturas de la experiencia e incluso escribí un libro para niños al respecto, ¡Lupita y la Magia de los Sueños!

Sabrás cuándo compartir tu experiencia onírica con el mundo, porque la sentirás hasta las profundidades de tu ser. ¡Querrás expresar sus sentimientos, sus colores, sus imágenes, sus sonidos y describir a las personas o seres con los que te conectaste! Necesitarás usar varias formas de expresión. Este tipo de sueños son muy profundos. ¡Cambiarán tu vida si permites que la energía amorosa te inspire y fluya a través de ti a lo largo de tu vida despierta!

Capítulo 8

Aprendiendo tu Idioma de los Sueños

Me has escuchado decir idioma de los sueños varias veces durante nuestra aventura en común. Reflexionemos un momento para descifrar exactamente lo que quiero decir. Mira tus manos por un momento. Fíjate en las líneas que recorren tus palmas y en las yemas de tus dedos. Todos tenemos dichas líneas; todos tenemos huellas dactilares. Pero cada uno de nosotros tiene su conjunto único. El idioma de los sueños funciona de la misma manera. Ciertamente todos nos conectamos con nuestro ser a través de nuestros sueños, pero cada uno de nosotros lo hace en una experiencia única. A lo mejor te preguntas por qué es de tal forma. He aprendido que es porque todos tenemos una historia diferente, una familia diferente y una perspectiva diferente basada en nuestras experiencias previas; por lo que tiene sentido que nuestros sueños reflejen esta distinción. Ahora entremos en lo que constituye el idioma de los sueños. A medida que avancemos en esto, establecerás una conexión con tus propios sueños y comenzarás a sentir el significado que tienen para ti.

Símbolos en los sueños

A pesar de que todas las imágenes que ves en tu Mundo de los Sueños pueden ser símbolos, no te sientas angustiado, los entiendes mejor de lo que crees. Exploremos algunos ejemplos de símbolos de sueños comunes y detallemos cómo cada uno puede tener un significado diferente para distintos soñadores. Probablemente hayas oído hablar de los diccionarios de sueños, que enumeran varios símbolos de sueños en orden alfabético, lo que permite al lector buscar el significado de cada uno. Estos libros pueden ser un gran comienzo en tu viaje para aprender tus sueños, pero pronto notarás que un ideograma puede tener un significado particular para el autor del diccionario y un significado muy diferente para ti. Esto se debe a que todos tenemos un Idioma de los Sueños único, ¡así que vamos a explorar!

¡Tomemos el símbolo de una araña! Has de estar pensando: *¡Ay! ¡Una araña!* O puede que estés pensando: *Qué bien. ¡Una araña!* Como obviamente sabrás, a algunas personas les aterrorizan las arañas. Pero algunos las adoran mientras otros pueden ser indiferentes a ellas. La forma en que naturalmente te sientas respecto a las arañas te ayudará a comprender lo que este símbolo significa para ti. Imaginemos que estás aterrorizado por las arañas y las ves acercándose a ti en un sueño. Este sueño puede ser una alerta amorosa en la que la araña representa el miedo que estás sintiendo actualmente sobre una situación particular en tu vida despierta. Como soñador, es tu responsabilidad determinar a qué le tienes miedo actualmente. Podría ser una interacción con tu maestro o jefe, o tal vez es que actualmente estás inseguro, o el miedo se está apoderando de ti. De cualquier manera este sueño es una oportunidad para reflexionar, aumenta tu autoestima y brinda amor a varias áreas de tu vida. También puedes usar las escenas en torno a la araña para guiar mejor tu interpretación. Por ejemplo, si ves esa araña en tu lugar de trabajo, puede ser un claro reflejo de los miedos e inseguridades que enfrentas ahí. El sueño te invita a enfrentar estos miedos y aumentar tu confianza.

¡Ahora exploremos este mismo escenario con el símbolo de la araña si es que nos gustan! En ese caso, soñar con las arañas acercándose a ti puede ser un mensaje de amor, enfatizando que estás en el camino correcto y te sientes feliz por ello. ¡La araña, en este caso, representa alegría y amor porque ves la belleza en las arañas! Todavía hay una oportunidad de crecimiento aquí, ya que puedes sentirte empoderado y alentado por este símbolo y usar este poder para amplificar tu energía amorosa en tu vida despierta. Supongamos que ves arañas en tu lugar de trabajo, esto puede significar que estás listo para avanzar laboralmente. ¡Quizás te estás preparando para recibir esa promoción por la que has estado trabajando tanto! Así como la araña teje una hermosa e intrincada tela que muchos aprecian, de igual manera ¡tu gran esfuerzo también se está notando! ¡Este sueño se puede usar para elevar aún más tu espíritu y saber que cosas buenas están en camino! Esta araña es una de un número infinito de símbolos en el Mundo de los Sueños, tenlo por seguro que tu sensibilidad sobre los diversos símbolos guiarán el significado de tu sueño.

Exploremos juntos otro símbolo común: un perro. Nuevamente supongamos que un soñador tiene mucho miedo a los perros; este emblema para esa persona será un tipo de alerta amorosa, recordándole que está sucediendo algo espantoso en su vida despierta y que el perro representa eso para ella. Es responsabilidad del soñador identificar de qué situación en su vida despierta lo está alertando el perro. Ahora bien, digamos que otro soñador también ve un perro en su sueño, y este soñador ama a los perros pero nunca ha tenido uno. Este sueño puede ser un mensaje amoroso que recuerda al soñador que finalmente adopte un perro y cumpla su anhelo. Ahora es la responsabilidad del soñador actuar sobre este mensaje amoroso de su subconsciente. Digamos que otro sueña a su perro que falleció. Este sueño amoroso podría permitirle reconectarse con la energía del animal una vez más, dándole la oportunidad de revivir esos recuerdos. Tengamos presente que éstos son ejemplos introductorios muy simples. Incluso podemos usar otra información que hay en el sueño para comprender mejor los símbolos. Por ejemplo, usarlos como punto de partida y luego emplear las acciones, los sentimientos y las imágenes que rodean al símbolo para comprender mejor el significado completo. Ésta es la razón por la cual los diccionarios de sueños no ofrecen suficiente información para comprender el idioma de tus sueños.

¡Voy a compartir contigo un método poderoso para que puedas entender cualquier símbolo que aparezca en ellos! ¡Este proceso te mostrará que realmente entiendes el idioma de tus sueños!

Elige cualquier símbolo que aparece en tu sueño y responde las siguientes preguntas

Símbolo de Sueño	*¿Qué símbolo viste? Ejemplo: objetos, animales, lugares, etc.*
Sentimientos/ Emociones	*¿Qué sentimientos o emociones te surgen al ver este símbolo?*
¿Ves este símbolo frecuentemente en tus sueños?	*Piensa en la frecuencia con la que ves este símbolo. Si lo ves a menudo, entonces éste es un símbolo repetitivo. Los símbolos repetitivos son recordatorios de algo que estamos omitiendo.*
¿Te aparece este símbolo en tu vida despierta?	*Si es así, ¿cuál es tu conexión con él?*
¿Notas un patrón en tu vida despierta?	*¿Notas si sucede algo similar en tu vida despierta antes o después de ver este símbolo en tus sueños?*
¿Qué sientes que este símbolo significa para ti? ¿Por qué?	*¿Qué te dice tu intuición respecto al significado de este símbolo?*

¡Es hora de practicar!

Símbolo de Sueño	
Sentimientos/ Emociones	
¿Ves este símbolo frecuentemente en tus sueños?	
¿Te aparece este símbolo en tu vida despierta?	
¿Notas un patrón en tu vida despierta?	
¿Qué sientes que este símbolo significa para ti? ¿Por qué?	

Después de llenar esta tabla con tu primer símbolo, tomo una buena inhalación. Agradece haberte tomado el tiempo de entender el idioma de tus sueños con la ayuda de tu símbolo. Ten en cuenta que no tendrás que hacer esto con todos los emblemas que veas, sólo con los que te llamen la atención y cuyo significado no tengas claro. Y, por último, recuerda que cuanto más practiques esto, más pronto te conectarás con el idioma de tus sueños, sin necesidad de escribir todos tus símbolos. Llegarás a un punto en el que fluirás con tus sueños y sentirás su significado a través de tus sentidos e intuición. Confía en ti mismo. Mantente seguro de que conoces el idioma de tus sueños mejor que nadie. Sólo necesitas un poco de guía y práctica. ¡Ten paciencia contigo mismo y disfruta de la exploración de tus sueños! Incluiré algunas tablas más a continuación para que practiques ¡también puedes imprimir varias páginas desde nuestro sitio web! Las puedes encontrar en la sección *Your Guide/Tu Guía* en *www.lupitainspires.com*

Tu Guía de Sueños

Símbolo de Sueño	
Sentimientos/Emociones	
¿Ves este símbolo frecuentemente en tus sueños?	
¿Te aparece este símbolo en tu vida despierta?	
¿Notas un patrón en tu vida despierta?	
¿Qué sientes que este símbolo significa para ti? ¿Por qué?	

Símbolo de Sueño Sueño	
Sentimientos/ Emociones	
¿Ves este símbolo frecuentemente en tus sueños?	
¿Te aparece este símbolo en tu vida despierta?	
¿Notas un patrón en tu vida despierta?	
¿Qué sientes que este símbolo significa para ti? ¿Por qué?	

Símbolo de Sueño	
Sentimientos/ Emociones	
¿Ves este símbolo frecuentemente en tus sueños?	
¿Te aparece este símbolo en tu vida despierta?	
¿Notas un patrón en tu vida despierta?	
¿Qué sientes que este símbolo significa para ti? ¿Por qué?	

Símbolo de Sueño	
Sentimientos/ Emociones	
¿Ves este símbolo frecuentemente en tus sueños?	
¿Te aparece este símbolo en tu vida despierta?	
¿Notas un patrón en tu vida despierta?	
¿Qué sientes que este símbolo significa para ti? ¿Por qué?	

Categorías en los sueños

Ahora que has tomado un tiempo para escribir un sueño y un símbolo, puedes notar algunos patrones y categorías o temas generales dentro de los mismos. Agrupar tus sueños en categorías puede ser muy útil para obtener el "panorama general" de tu ser más profundo. Una de las formas más sencillas de hacer esto es analizar tus sueños semanales y ver si hay un mensaje o escenario en común. Un ejemplo sería si tienes una semana llena de sueños relacionados con tu trabajo, lo cual puede indicar la cantidad de energía que le otorgas al mismo y puede significar la necesidad de tomarte un tiempo para el cuidado personal. Si notas que un asunto frecuente durante la semana en tus sueños es la lluvia, puede indicar un momento de limpia que propiciará crecimiento. Todo esto depende en gran medida de lo que estabas sintiendo durante el sueño. Los siguientes ejemplos te ayudarán a identificar las categorías que te manifiestan tus sueños. Una de nuestras soñadoras tuvo una semana llena de sueños sobre comida mientras seguía una dieta muy estricta. Sus sueños le hacían saber que estaba empezando a obsesionarse con su relación por la comida, y que necesitaba encontrar un enfoque más equilibrado de la nutrición para vivir un estilo de vida más saludable. El contenido de tus sueños es una visión clara de tu ser más profundo; te ayudará a hacer los cambios positivos que necesitas en tu vida despierta.

Ahora busca los símbolos de tus sueños y ve si se repiten a lo largo de la semana. Esto te ayudará a tener una mejor comprensión de los mismos. Asegúrate de prestar especial atención a cómo ellos y tus sueños se conectan con tu vida despierta. Ser capaz de conectar estos dos mundos es una de las cosas más poderosas que puedes hacer por ti mismo. A medida que continúes agrupando tus símbolos y sueños en categorías, puedes usar la tabla a continuación para ayudarte a organizarlos.

Categorías semanales

Sentimientos	*¿Hay un sentimiento común asociado con tus sueños esta semana?*
Lugar/ Ubicación	*¿Hay un lugar común en tus sueños esta semana?*
Símbolo	*¿Hay algún símbolo repetitivo que aparece en tus sueños esta semana?*
Persona	*¿Hay alguna persona que siga apareciendo en tus sueños esta semana?*
Pensamientos	*¿Hay un pensamiento en común que tengas en tus sueños esta semana?*

¡Es hora de practicar!

Sentimientos	
Lugar/ Ubicación	
Símbolo	
Persona	
Pensamientos	

Una vez que completes tu ejercicio de la semana ¡es hora de celebrar! Estás en el camino de fluir con el idioma de tus sueños. Al comprender la categoría semanal de tus sueños, obtienes una visión más profunda de lo que te puede estar preocupando, cuáles son tus verdaderos deseos y qué cambios necesitas comenzar a hacer.

Experiencia Sueños

¿Sabías que además de tener tu propio idioma de sueños también tienes una forma única de experimentar tus sueños? Por ejemplo, ¿alguna vez le has preguntado a alguien si sueña en color o en blanco y negro? Si sueñas en color probablemente asumas que todos los demás también deben soñar en color. Pero la realidad es que todos experimentamos nuestros sueños de manera diferente. Repasemos algunas de las formas en que nuestros soñadores han descrito sus experiencias.

Colores

Muchos sueñan en color, sin embargo algunos dicen que los colores que ven en sus sueños son más vibrantes que los de su vida despierta; mientras que otros soñadores describen su Mundo de los Sueños y en su vida despierta como muy parecidos. Los colores que ves en tu sueño también pueden ayudarte a comprender mejor cómo percibes el mundo y a quienes te rodean. Por ejemplo, si normalmente sueñas con colores vibrantes que son incluso más impactantes que los de tu vida despierta, podría ser porque tiendes a mirar los aspectos positivos de las situaciones, y puedes estar muy consciente y conectado con tus emociones y tus sentimientos. Los colores en el sueño a menudo hacen que un soñador sienta determinada emoción. Por ejemplo, si el soñador está teniendo un sueño placentero y ve mucho amarillo brillante, esto puede aumentar su energía alegre porque conecta los colores con las emociones. Entonces, si el sueño era vibrante y luego una nube oscura hizo que todo fuera gris y descolorido, el soñador podría sentir una sensación de temor y tristeza debido a su profunda conexión con los colores y los sentimientos. Un soñador que sueña en muchos colores también podría ser un artista creativo, en cuyo caso sus sueños simplemente reflejan eso. Por ello algunos soñadores crean arte a partir de sus sueños vívidos. A menudo estos soñadores experimentan sueños brillantes y vívidos que aumentan su creatividad y los dejan con el deseo de compartir la imagen con los demás. Explora tu Mundo de los Sueños. Ve cómo refleja tu personalidad y visión del mundo. Hagamos una pausa por un momento y tomemos un tiempo para recordar cómo aparecen tus sueños. ¿Ves un color en particular con frecuencia? ¿Te llaman la atención los colores o se mezclan con el sueño y no se distinguen? Observar los colores en tu Mundo de los Sueños te ayudará a ver el reflejo de ti mismo y tu percepción de la vida. Destina el tiempo suficiente, y reconoce que a medida que crezcas y cambies ¡tus sueños también lo harán! ¡Abajo hay una tabla para ayudarte a entender lo que significan varios colores para ti!

Color	Sentimiento	Vida despierta	Significado
Apunta el color aquí	*¿Qué sentiste al ver este color?*	*¿Te recuerda de algo en tu vida despierta?*	*¿Qué te dice tu intuición sobre el significado de este color?*

Aquí hay un ejemplo para comenzar:

Color	Sentimiento	Vida despierta	Significado
Rosita (rosa claro)	*Me sentí en paz y feliz.*	*Me recuerda mi color favorito de la infancia y mi bata favorita para dormir.*	*Siento que este color significa que estoy contenta y que me siento amada y segura.*

Tu Guía de Sueños

¡Vamos a practicar!

Color	Sentimiento	Vida despierta	Significado

Blanco y negro

Mientras que algunos soñadores sueñan en color, otros dicen que no lo ven, sino que ven variaciones de grises, blanco y negro. Con frecuencia suelen ser soñadores que crecieron viendo televisión en blanco y negro. Esto no significa que no experimenten altos niveles de creatividad o que estén desconectados de sus emociones, sino que su Mundo de los Sueños está reflejando con lo que se rodearon durante su desarrollo. Estos soñadores, sin embargo, experimentan varios escenarios y situaciones en sus sueños; simplemente los colores son mínimos, y la mayoría de las veces en blanco y negro. Si sueñas en blanco y negro aún serás consciente de los símbolos e imágenes notorios, pero puedes observar que sobresalen por cómo te hacen sentir y no por el color que observas. Si sueñas en blanco y negro, haz una pausa para recordar qué es lo que más te llama la atención durante tus sueños y por qué. Esto te ayudará a comprender a qué le das peso en tus sueños, pero también en tu vida despierta, ya que estos dos mundos son un reflejo tuyo. Recuerda, no hay una sola forma de soñar, ¡hay un número ilimitado de maneras! Clasificaremos algunos elementos para ayudar a explicar los diversos modos en que se perciben los sueños, pero siempre habrá nuevas formas de soñar a medida que crecemos como individuos y como sociedad.

Objeto	Color	Sentimiento	Vida despierta	Significado
¿Qué persona, objeto o elemento te llamó la atención?	*¿Qué color tenía?*	*¿Sentiste algo al ver el color?*	*¿Te recuerda algo de tu vida despierta?*	*¿Qué te dice tu intuición sobre el significado de esta experiencia?*

Tu Guía de Sueños

¡Aquí hay un ejemplo para comenzar!

Objeto	Color	Sentimiento	Vida despierta	Significado
Libreta	Era gris	El color no me hizo sentir mucho, pero el cuaderno me hizo sentir extraño.	Me recuerda que no he escrito en mi diario en mucho tiempo.	Siento que esto es un aviso para que comience a escribir un diario de nuevo. Me gustaba hacerlo y de repente paré.

¡Ahora es momento de practicar!

Objeto	Color	Sentimiento	Vida despierta	Significado

Sonidos, voces, olores y texturas

Algunos soñadores comparten que no ven colores ni imágenes, sino que escuchan voces y sonidos, notan olores y sienten texturas. Una vez más, hay numerosas formas de soñar, y nuestro papel es usar nuestros sueños para conectarnos aún más con nuestras necesidades y deseos internos. Algunos soñadores recuerdan ciertos mensajes o sonidos en su sueños, pero ninguna imagen que los acompañe. Esto puede ocurrir con cualquier soñador, pero es más probable que ocurra con aquéllos que son parcial o completamente ciegos. Esto se debe principalmente a que el sueño refleja cómo el soñador percibe su vida despierta. Es común también detectar olores y sentir varias cosas físicamente durante el sueño. Si es así es porque frecuentemente hay un sentimiento asociado con ellos. Dicha emoción es la clave para comprender el mensaje más profundo de tu sueño. Tus sueños son poderosos independientemente de tu capacidad visual, y son algo que debes atesorar. *Aquí hay una tabla para ayudarte a realizar un seguimiento de este tipo de sueños.*

	Sonido en el Sueño	**Olor en el Sueño**	**Textura en el Sueño**
Sentimientos/Emociones	*¿Qué te hizo sentir este sonido?*	*¿Qué te hizo sentir este olor?*	*¿Qué te hizo sentir esta textura?*
¿Percibes esta sensación frecuentemente en tus sueños?	*¿Escuchas este sonido frecuentemente?*	*¿Percibes este olor a menudo?*	*¿Sientes esta textura a menudo?*
¿Tienes esta sensación en tu vida despierta?	*¿Escuchas este sonido en tu vida despierta?*	*¿Percibes este olor en tu vida despierta?*	*¿Sientes esta textura en tu vida despierta?*
¿Notas un patrón en tu vida despierta?	*¿Notas que algo similar sucede en tu vida despierta, ya sea antes o después de experimentar esto?*	*¿Notas que algo similar sucede en tu vida despierta, ya sea antes o después de experimentar esto?*	*¿Notas que algo similar sucede en tu vida despierta, ya sea antes o después de experimentar esto?*
¿Qué SIENTES que este símbolo significa para ti? ¿Por qué?	*¿Qué te dice tu intuición sobre el significado de esta experiencia?*	*¿Qué te dice tu intuición sobre el significado de esta experiencia?*	*¿Qué te dice tu intuición sobre el significado de esta experiencia?*

¡Vamos a practicar!

	Sonido en el Sueño	Olor en el Sueño	Textura en el Sueño
Sentimientos/Emociones			
¿Percibes esta sensación frecuentemente en tus sueños?			
¿Tienes esta sensación en tu vida despierta?			
¿Notas un patrón en tu vida despierta?			
¿Qué SIENTES que este símbolo significa para ti? ¿Por qué?			

¿Lineales o aleatorios?

Adicionalmente, algunos soñadores experimentan una historia completa en sus sueños, mientras que otros experimentan imágenes y eventos aleatorios. Exploremos cómo se ve esto y de qué forma reconocerlo en nuestros propios sueños nos puede ser de ayuda.

Un sueño que sigue una historia es aquél en el que puedes identificar claramente un principio, una idea central y un final. Estos sueños son más comunes entre soñadores que recuerdan con frecuencia sus sueños porque han practicado, incluso si sólo es una escena al principio, esa escena los llevará lentamente a la siguiente escena y a los sentimientos y acciones asociados. Si experimentas muchos sueños en forma de historia es posible que te sientas abrumado por la cantidad de información recibida, pero no te preocupes: ¡Las cosas están a punto de simplificarse para ti! Recuerda que el idioma de tus sueños es único e intransferible, así que si tienes este tipo de sueños con frecuencia, utiliza el método de selección de los detalles importantes para darles significado. Puedes usar la Tabla de sueños en el Capítulo 7 para ayudarte con esto. También puedes ir más allá y responder las siguientes preguntas:

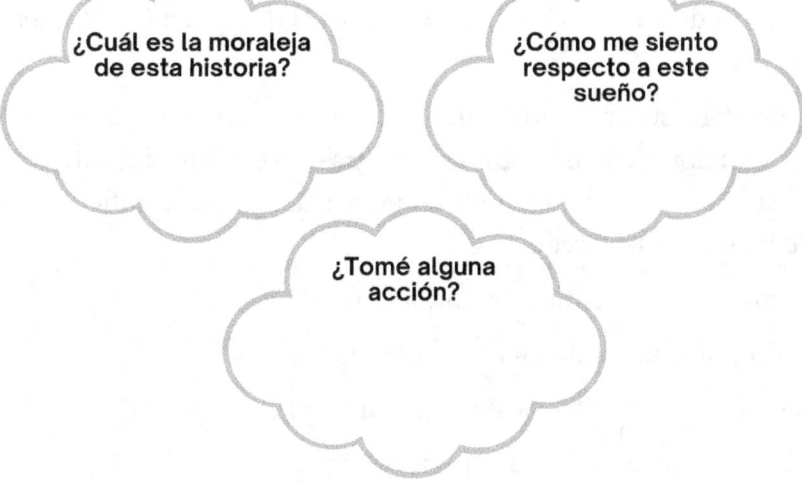

Responder las tres preguntas te ayudará a entender mejor la experiencia de tu sueño y cómo dichas historias reflejan tus deseos y preocupaciones más profundos. Presta atención a la sensación del tiempo. Por ejemplo, algunos soñadores comparten que sus sueños lineales a menudo parecen ser de una época diferente, ya sea en el pasado o en el futuro. Esto te ayudará a medida que experimentas sueños de otras líneas de tiempo y otras dimensiones, como platicamos anteriormente.

Aleatorio

Escucho a muchos soñadores decir que creen que sus sueños tienen poco significado porque son aleatorios. ¡Exploremos cómo estos sueños que parecen aleatorios a primera vista son en realidad una visión de tu ser más profundo!

¿Qué hace que los sueños parezcan insignificantes? Me cuentan los soñadores que una de las razones principales es porque tienen una variedad de eventos fuera de orden. El soñador también puede estar en un lugar durante parte del sueño y en otro completamente diferente más adelante. Junto con los cambios abruptos en los eventos y ubicaciones, algunos soñadores dicen que sus sueños son aleatorios porque varias personas de su infancia aparecen en el sueño, algunas de su vida presente, y otras que no conocen. Estos sueños pueden parecer confusos al principio, sin embargo, usemos un poco de amor y claridad en ellos para que puedas entender lo que están tratando de decirte.

Si tu sueño consiste en varios cambios de **ubicación** no dejes que eso te abrume. A veces la ubicación tiene un significado; otras veces es irrelevante en el panorama general del sueño. La forma de saber si la ubicación tiene significado o no para ti es haciéndote las siguientes preguntas:

1. ¿Cómo me hace sentir esta ubicación?
2. ¿Qué estaba haciendo en este lugar?
3. ¿Alguna vez he visitado este lugar en mi vida despierta?
    - Si es así, ¿cómo fue mi experiencia?

Si esta ubicación te hizo sentir de una manera específica, si estabas haciendo algo importante, o si has visitado este lugar antes, es probable que tenga alguna connotación para ti que valga la pena explorar más. Si te sentiste indiferente respecto a la ubicación y no tuviste ninguna conexión real con ella, entonces es posible que sea insignificante en tu sueño. Recuerda, no todo tiene que tener un gran sentido; con la práctica podrás identificar rápidamente lo que necesita ser explorado más a fondo y lo que puedes descartar.

A veces los sueños con varias ubicaciones tienen muchas partes móviles. Si eres nuevo en la exploración de tus sueños es posible que sientas la necesidad de concentrarte en cada cosa que ves. ¡Está bien! Recuerda, ésta es la exploración de tus sueños, y si enfocarte en todos los detalles es útil para ti, continúa haciéndolo. Una vez que practiques esto lo suficiente, serás un experto en extraer las imágenes y mensajes más impactantes.

Si tu sueño consiste en varios cambios de **eventos**, es posible que algunas experiencias de aprendizaje importantes se te estén pasando por alto. Así que exploremos lo que los mismos pueden enseñarnos. Un cambio de evento en un sueño es cuando estás en una interacción de escena en particular y el evento cambia abruptamente. Un ejemplo puede ser soñar que estás teniendo una plática con un miembro de tu familia, y luego cambia a que estás solo en el hogar de tu niñez. Esto puede ocurrir más de una vez y dejarte confundido, pero son estas variaciones en los eventos los que pueden enseñarte dónde más necesitas explorar. Con cambios de eventos como éste deberás dar un paso atrás y observar los sentimientos asociados con cada escena, así como identificar las diferencias en tus acciones y tu estado de ánimo a medida que muta la trayectoria de los eventos.

Usa las siguientes preguntas para guiarte en la comprensión del significado de tu sueño:

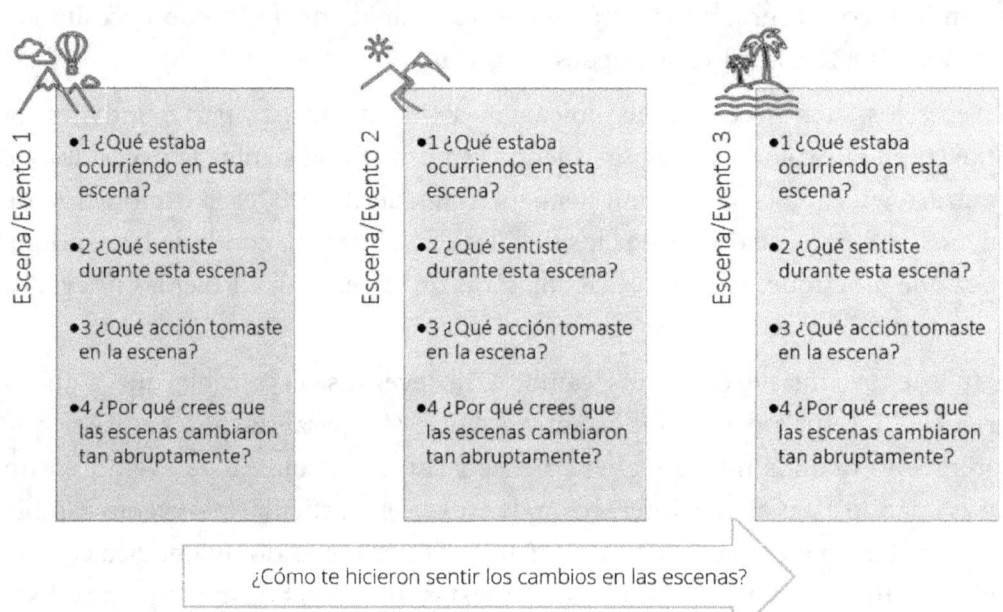

Tu Guía de Sueños

¡Momento de practicar!

Mientras haces este ejercicio tendrás algunos momentos de "ajá" que te ayudarán a comprender la razón de tu sueño y de los diversos eventos y cambios de escena. Es común que este tipo de sueños nos iluminen sobre cómo reaccionamos ante las alteraciones en nuestra vida. Presta mucha atención sobre cómo te sientes mientras se producen estas transformaciones. Si notas que no estás respondiendo bien a ellas en tu sueño, puedes tomar un momento para reflexionar esto en tu vida despierta. ¿Qué está pasando actualmente en tu vida despierta, donde estás luchando para adaptarte a los cambios en tu vida? El poder de ser más adaptable está literalmente dentro de ti; y tu sueño está destacando lo que aún necesitas trabajar.

Ahora bien, si sientes que te adaptas rápidamente a los cambios que ocurren en el Mundo de los Sueños, entonces el sueño es un reflejo de lo bien que lo estás haciendo en esas áreas de tu vida. En este caso, observa los eventos que están cambiando en tu sueño porque pueden ofrecerte una imagen de los eventos potenciales que están en camino. Piensa en esos sueños del futuro que exploramos anteriormente y analiza si se sienten como un sueño venidero. Si lo hacen, asegúrate de escribir tus acciones, las personas en el sueño y el resultado. ¡Cuanto mejor te sientas respecto a un sueño mejor te irá en tu vida despierta! Recuerda, los sueños son un registro de tu interior.

Algunas cosas de lo que estoy compartiendo contigo, las repetiré a veces intencionalmente para que puedas recordar tu poder interno tanto como yo creo en él. A veces pasamos por alto la retroalimentación positiva y la motivación porque aún no creemos, pero cuanto más escuches lo poderoso que eres, más comenzarás a aceptar ese poder para tu ser, y cuando lo hagas tu vida cambiará y tus sueños lo reflejarán.

Si tu sueño parece aleatorio debido a los cambios dramáticos que ves en las **personas** e incluso en **lapsos**, no te preocupes, ¡hay un significado claro que pronto comprenderás! Algunos de nuestros soñadores se confunden cuando ven personas de su pasado y presente, y otros más que son desconocidos. Dicen que las diversas personas son de algún momento diferente en su vida. Si ves a alguien de tu infancia, luego a alguien que conoces actualmente y luego interactúas con un grupo de personas que nunca antes habías conocido, puede haber una sensación inicial de mezcolanza. Pero profundicemos más para encontrar el significado en este tipo de experiencia. A menudo estos sueños nos invitan a evocar experiencias de aprendizaje pasadas al presente. Por ejemplo, uno de nuestros soñadores vio a un amigo de la infancia en un sueño y luego vio a su mejor amigo actual, juntos en la misma escena. Entendió que su amigo de la infancia estaba allí para recordarle todos los momentos divertidos que pasaron juntos, pero también estaba triste porque este amigo había fallecido a una edad muy joven. Luego compartió que él y su amigo vivo actual habían tenido una discusión. A medida que exploramos esto más a fondo, se dio cuenta de que este sueño era un recordatorio amoroso para apreciar a su amigo actual y perdonarlo porque no siempre estaremos aquí para hacerlo.

Este sueño lo entristeció, pero después de explorarlo más a fondo sintió amor y aprecio por su amistad actual, y agradecimiento por el amigo que tuvo cuando era niño. Sueños como éste nos muestran cómo nos sentimos en el fondo. Una forma de organizar estos sueños es simplemente tabulándolos. ¡Te darás cuenta de que soy una fan de las tablas y las listas! Esto se debe a que te ayudan a aclarar la información de los sueños al clasificarla con un proceso simple; y permite que nuestros soñadores practiquen el proceso de darle el merecido significado a cada pieza de su sueño. Recuerda que elaboré tales tablas para guiarte, sin embargo tú puedes libremente agregar las filas o columnas necesarias para tu propia exploración de sueños. ¡Éste es tu mundo! Permítete analizarlo como mejor te parezca.

	Persona	Tiempo	Sentimientos
Escenario 1	Nombre de la persona y asociación	Pasado, Presente, Futuro, Dimensión	¿Qué sentías en el sueño con la persona?
Escenario 2	Nombre de la persona y asociación	Pasado, Presente, Futuro, Dimensión	¿Qué sentías en el sueño con la persona?
Conclusión	¿Qué crees que significa esto para ti?		

En seguida un ejemplo para guiarte

	Persona	Tiempo	Sentimientos
Escenario 1	Roberto, un amigo de la infancia	Pasado: desde la infancia	Extrañaba a mi amigo y me da tristeza que falleció tan joven
Escenario 2	Daniel, amiga actual	Amigo: del tiempo actual	Me siento mal porque tuve una discusión con Daniel.
Conclusión	Este sueño me hizo darme cuenta de que las amistades son preciosas y que nuestros amigos no siempre van a estar aquí. Necesito aprender a perdonar y hacerle saber a Daniel cuánto valoro nuestra amistad. No estoy seguro de lo que dirá, pero sé lo que tengo que hacer.		

¡Vamos a darte tiempo para practicar esto!

	Persona	Tiempo	Sentimientos
Escenario 1			
Escenario 2			
Conclusión			

	Persona	Tiempo	Sentimientos
Escenario 1			
Escenario 2			
Conclusión			

Tu Guía de Sueños

	Persona	Tiempo	Sentimientos
Escenario 1			
Escenario 2			
Conclusión			

¡Lo estás haciendo genial, soñador! ¡Muy pronto estarás fluyendo con el idioma de tus sueños! A medida que continúas esta exploración reconoce que tus sueños se mueven, mutan y evolucionan al igual que tú. Así que permíteles mostrarte una nueva forma de ver las cosas. ¡Déjate expandir! El idioma de tus sueños puede aparecer de diversas maneras y, a menudo, creará una hermosa variedad de imágenes, sonidos, épocas, personas y dimensiones. Así que presta atención cuando tus sueños comiencen a tomar una nueva forma. Si esto sucede, el sueño te está alertando sobre el crecimiento y los cambios que se están produciendo a un nivel profundo. Cuando aceptes esta transformación tu vida despierta también evolucionará exponencialmente, porque estás uniendo tu energía y permitiendo que el universo te ayude a expandirte en nuevas direcciones. Esto puede manifestarse como un cambio de carrera, un nuevo negocio, un cambio en relación, etc. Las variaciones son únicas para ti. ¡Permite que sucedan porque aquí es donde debes estar!

Capítulo 9

Intenciones Poderosas y rutinas antes de dormir

¿Sueles tomarte un momento antes de acostarte para reflexionar sobre lo que más necesitas durante el sueño, o estás demasiado agotado? ¿Sabías que establecer tu intención antes de dormir es una forma poderosa de soñar con lo que más te hace falta? Algunos de nuestros soñadores hacen el esfuerzo de reflexionar sobre lo que necesitan emocional, física o espiritualmente antes de acostarse, pero admiten que después de un largo día esto a veces es extenuante. Exploremos cómo el hecho de establecer tu intención antes de dormir es una herramienta poderosa que puedes usar para soñar con lo que más anhelas.

Digamos que tuviste un día difícil con un ser querido y todavía estás un poco molesto. Eres un creador consciente, así que sabes que puedes usar tus sueños para encontrar el amor y el perdón. Todo lo que necesitas hacer es establecer la intención de encontrar el perdón, el amor o la aceptación en el Mundo de los Sueños. Cuando te tomas un momento para aceptar que te sientes así y luego estableces la intención de encontrar una solución amorosa a tu emoción, estás pidiendo orientación desde lo más profundo de ti mismo y abriéndote a las imágenes, sentimientos y escenarios que se presentarán para guiarte en tu sueño. Estás practicando el uso del Mundo de los Sueños para tu beneficio, mientras estableces una conexión profunda contigo mismo. Muchos soñadores no se dan cuenta de lo poderosos que son y de cómo el Mundo de los Sueños es un lugar para practicar su energía, por lo que a menudo se van a la cama y pierden esta importante oportunidad. Una vez que pongas en marcha esto y te despiertes con mayor claridad, volverás a realizar este ejercicio cada vez que necesites encontrar amor y sanación.

Tal vez te estás preguntando cómo establecer una intención que sea más efectiva para ti y tu crecimiento, así que exploremos más a fondo este proceso. Mientras te vas en la cama, haz una pausa para preguntarte: "¿Cómo me siento esta noche?" Asegúrate de aceptar tus sentimientos tal como son. Si te sientes contento y feliz, adelante. Si te sientes estresado y preocupado, acéptalo también. Permítete sentir lo que sea que estés sintiendo. Ahora que puedes capturar tus sentimientos, pregúntate: "¿Quiero sentirme así o puedo sentirme mejor?" Sé honesto. Tómate tu tiempo para responder esta pregunta. Si te sientes bien así ¡simplemente da las gracias y vete a la cama a explorar tus sueños! Si te sientes triste y quieres sentirte mejor, puedes establecer tu intención. Por ejemplo, puedes decir, *Quiero encontrar mi felicidad interna y despertarme listo para compartirla con el mundo.* Éste es tu momento y ésta es tu oportunidad de recuperar lo que necesitas del Mundo de los Sueños, ¡así que úsalo sabiamente! Digamos que tienes miedo por el futuro y la incertidumbre en torno a una situación en particular. Es posible que desees establecer la siguiente intención: *me abro para encontrar claridad y paz esta noche y poder despertar con una nueva perspectiva sobre esta situación.*

A veces puede ser un desafío comenzar, por lo que incluiré más ejemplos a continuación. Recuerda que a medida que lo pones en práctica, tu intención te llegará con más naturalidad y sentirás exactamente lo que más necesitas. A continuación compartiré algunas intenciones que utilizo en mis prácticas.

Sentimiento	Intención
Miedo	Me abro para conectarme con el amor y la seguridad que sé que está dentro de mí.
Estrés	Me permito dejar ir todas las preocupaciones y me abro a la paz y al amor.
Preocupación	Me abro para dejar ir las preocupaciones que tengo y acepto la paz que soy naturalmente.
Tristeza	Me permito sentir lo que se necesita y me abro a la alegría que tengo dentro.
Neutralidad	Estoy agradecida de estar aquí, y estoy abierta a recibir guía de mi ser y del universo
Agradecimiento	Estoy agradecida por mi vida, por los que me rodean y por toda la belleza que está en camino.
Felicidad	Estoy agradecida de sentir esta felicidad interna y estoy abierta a recibir guía de mi ser y del universo.

Estas intenciones son sólo para comenzar. Haz una pausa y deja que el universo y tus sentimientos te guíen para advertir lo que necesitas pedir. Recuerda que puedes usar un Cojín de Intención para facilitar el ejercicio, como hablamos en el Capítulo 7. Usar un Cojín de Intención es una hermosa manera de establecer tu propósito y entrar al Mundo de los Sueños. ¡Disfruta tu exploración!

 **Vamos a establecer una intención juntos antes de dormir**

Rutina para dormir

Además de establecer una intención antes de dormir, es aún más impactante cuando creas una rutina relajante y significativa para conciliar el sueño. Exploremos las formas en que podemos hacer esto y sus beneficios. Cuando nos despertamos todos tenemos una rutina diaria como cepillarnos los dientes, hacer ejercicio, meditar, etc. Hacemos lo que propio para empezar el día lo mejor posible. Con esta misma idea necesitamos crear una rutina significativa para dormir que nos ayude a sacar el máximo provecho del Mundo de los Sueños. Creo que para tener un gran día debes prepararte durmiendo bien por la noche, estableciendo una intención amorosa y comenzando el día en la energía del amor, la unidad y la paz. Si haces esto antes de dormir, tus sueños reflejarán este hermoso poder y te despertarás sintiéndote renovado, amado y listo para comenzar tu día en tu vida despierta. Seguramente quieres saber cómo crear una rutina significativa para la hora de acostarte ¡así que exploremos algunas de las cuestiones que puedes usar para ayudarte a crear tus propios hábitos para la hora de dormir!

Imagen 9: Deja ir la tensión mientras respiras durante los estiramientos. Nota adicional: a Angelita le gusta acompañarme mientras nos relajamos y nos estiramos.

Una de las mejores cosas que puedes hacer por ti mismo antes de acostarte es incluir una serie corta de **estiramientos** para relajar tu cuerpo. Uno de mis favoritos son las extensiones *laterales del cuello*. Simplemente respira lentamente e inclina la cabeza hacia la derecha por unos momentos, luego hacia la izquierda. Puedes seguir haciendo pequeños círculos lentos con el cuello. Esto te ayudará a liberar la tensión de tu cuello y permitirá que tu cuerpo se relaje.

Imagen 10: Este abrazo no sólo se siente bien físicamente, sino que también te recuerda amarte a ti mismo tal como eres emocional y espiritualmente.

Mi segundo estiramiento favorito antes de dormir es el *abrazo de oso*, que permite que la espalda y los brazos se estiren y se relajen. Simplemente extiende tus brazos frente a ti, luego envuelve tu brazo derecho alrededor de tu torso para sostener tu hombro izquierdo; luego usa tu brazo izquierdo para sostener tu hombro derecho. Este auto abrazo no sólo es un buen estiramiento, sino que también expresa amor propio. ¡Así que tómate tu tiempo y disfruta!

Imagen 11: ¡Angelita también disfruta este estiramiento! Ella siempre trata de encontrar formas de participar.

Tercero, puedes probar la *pose del niño*. Este estiramiento lo haces en el suelo y se practica comúnmente en yoga. Ponte de rodillas con cuidado e inclina tu cuerpo hacia el suelo, permitiendo que tus brazos se extiendan al frente. Tómate tu tiempo e inhala en este estiramiento. Sostén el aire durante el tiempo que te sientas cómodo. Luego relaja tu cuerpo y deja que tu mente disfrute.

 ¡Hagamos estiramientos para dormir!

Voy a compartir contigo mis **tres** tés favoritos que me ayudan a descansar bien por la noche y permiten que mi cuerpo se sienta confortable y tranquilo. El té que más disfruto es el de manzanilla. Tiene un sabor floral y es muy ligero. Cuando era pequeña mi mamá siempre nos ofrecía té de manzanilla si nos sentíamos inquietos o necesitábamos conciliar el sueño. Beber este té impulsa al cuerpo y la mente a relajarse, y por ello siempre fue el favorito de mi familia. Es importante tomarte tu tiempo al beber el té. No te apresures. Deja que sea parte de tu proceso de relajación: saborea su aroma, siente la taza caliente en tus manos, aprecia el alivio que te brindará y luego toma sorbos amorosos. Esto puede sonar como exagerado o incluso puede parecer incómodo si no estás acostumbrado a tomarte tu tiempo de esta manera, pero te prometo que, si te tomas el tiempo adicional, será más efectivo para ti.

Mi segundo té favorito es el de lavanda. Este hermoso té tiene un aroma encantador y un sabor ligeramente dulce. Puedes conseguir té de lavanda en tu tienda local o pedirlo en línea. Cuando prepares cualquier té asegúrate de dejarlo reposar un poco a tu nivel de intensidad preferido. Es importante disfrutar y valorar este proceso, porque tu té es parte de tu rutina para dormir que te auxiliará para lograr dulces sueños.

El tercer té que compartiré contigo es el té de raíz de valeriana. No tiene un sabor floral, sino que tiene un gusto más a tierra pues es una raíz. Ésta es una buena opción si prefieres este tipo de sabor o disfrutas de un té más fuerte. Mi mamá bebe este té para calmar la ansiedad y me dijo que también nuestra familia lo disfruta cuando es necesario. Como probablemente puedas adivinar, mi mamá siempre ha tratado de encontrar alternativas naturales para tratar diversas dolencias. Estos tés son fabulosos para asistirte al dormir, pero también pueden ayudarte a calmar durante el día si de repente te sientes ansioso. Estas tres infusiones se han convertido en mis favoritas porque me socorren cuando necesito calma y relajación antes de dormir y también durante el día. La bebida en sí no te quitará las preocupaciones y los miedos, pero te valdrá para calmarte un poco y que puedas tomar un respiro y un momento para centrarte.

Siéntete libre de probar los tres tés y alternarlos como quieras. Déjate llevar por que te resulte más útil. Ahora que tienes algunas opciones relajantes de té, exploremos cómo la energía de tu dormitorio juega un papel en tu rutina de dormir.

Dormitorio

Tu dormitorio es un lugar especial y privado que debe reflejar la energía que más deseas conservar en el Mundo de los Sueños. Es importante crear un dormitorio con un ambiente que sea atractivo y relajante para que puedas sentirte atraído fácilmente hacia él. Además de que la ropa de cama sea cómoda y esté limpia, es bueno asegurarte de que los artículos de tu cuarto te hagan sentir en paz y tranquilo. Por ejemplo, puedes agregar iluminación suave, tonos azul pálidos o lavanda en las paredes, plantas que tengan un aroma suave, imágenes que inspiren paz e incluso una máquina de sonido. Es decir, no necesitas todo esto, son sólo ejemplos, pero es importante tomar en serio tu dormitorio. Aquí te prepararás para aventurarte en el Mundo de los Sueños, por lo que querrás asegurarte de que sea un lugar placentero y pacífico. A medida que continúes creando tu rutina para la hora de dormir, comenzarás a producir calma para tu cuerpo y mente a través de tus sentidos más familiares: ver, tocar, escuchar, probar y oler.

Ver

Es vital que antes de acostarte sólo veas cosas que te acarreen energía amorosa. A veces los soñadores ven películas que los asustan y luego tienen sueños incómodos. Por lo tanto, es importante ser consciente de lo que eliges ver antes de acostarte.

También es fundamental disminuir el tiempo que pasas en la pantalla de tu teléfono o de la tele según sea el caso. Si pasas mucho tiempo en tu teléfono o computadora antes de acostarte, puede serte más difícil conciliar el sueño. Esto —como parte de tu rutina para acostarte— es una elección personal y debe hacerse de la forma que funcione para ti. Algunas personas pueden necesitar acortar su tiempo frente a la pantalla una hora antes de acostarse, mientras que otras sólo necesitan detenerse treinta minutos antes de ir a la cama. ¡Tú decides! ¡Usa tu cuerpo y tus sueños para guiarte en lo que más te favorece y sé consciente de la programación que eliges!

Tocar

Presta atención a lo que estás palpando antes y durante el tiempo que estés en cama y cómo te hace sentir. Por ejemplo, es importante que la manta, el edredón y la almohada que toquen tu piel estén limpios y que se sientan agradables y acogedores al tacto. Si tienes una manta que te raspa o te pica tendrás problemas para conciliar el sueño e incluso puedes despertar porque percibes que algo se arrastra sobre ti. Tómate tu tiempo y elije ropa de cama que se sienta agradable y cómoda. A lo mejor deseas una cobija que sea suave y esponjosa, una ligera y fresca, o incluso una con peso —lo que funcione para ti— pero sé cuidadoso en elegir lo que más te convenga para que puedas experimentar sueños hermosos y tener un sueño restaurador.

Escuchar

¿Alguna vez te has detenido a pensar en lo que escuchas mientras estás en tu dormitorio? ¿Hay sonidos ambientales que te molestan? ¿Un grifo que gotea? ¿O tal vez escuchas música? Así como nos esforzamos por ser conscientes de lo que vemos, también queremos ser inteligentes con lo que escuchamos. Si tienes dificultad para conciliar el sueño debido a los sonidos dentro o alrededor de tu casa, puedes considerar obtener una máquina de ruido blanco, también conocida como máquina para dormir. Algunas máquinas para dormir crean un zumbido constante y relajante, mientras que otras reproducen sonidos ligeros del océano o de la lluvia. De nuevo, elige los sonidos que te reconforten. Algunos soñadores disfrutan de los sonidos del océano, mientras que otros dicen que esos sonidos les provocan utilizar el baño con más frecuencia. Algunos disfrutan de los sonidos de la lluvia; otros prefieren el silencio natural de la noche. Los sonidos que elijas en el espacio de tu dormitorio dependen de ti, pero destina un momento para pensar qué te brinda más paz. Además, presta atención a cómo cambian tus sueños. Específicamente, toma nota de cómo se ven tus sueños cuando has agregado sonidos en tu habitación. Es común que los sonidos externos se deslicen en el Mundo de los Sueños y te ayuden en la creatividad en ellos. Esto, por supuesto, es diferente para cada persona, pero debes asegurarte de entender y observar cómo reaccionas a los cambios que estás creando en tu entorno. Es útil notar tus reacciones, lo que también te ayudará a determinar qué factores externos puedes usar para aumentar la posibilidad de tener una experiencia de sueño en particular. Esto puede ser útil si tienes un sueño específico en mente que deseas explorar. Por ejemplo, algunos soñadores disfrutan soñar que están bajo la lluvia, por lo que ajustan su máquina de dormir para reproducir sonidos de lluvia. Otros soñadores quieren soñar con su infancia, por lo que dormirán con un viejo juguete infantil. Tu experiencia de sueño es personal y puedes utilizar el mundo exterior para promover los sueños que más deseas. Sé creativo. Notarás que tus necesidades cambiarán y crecerán a medida que continúes modificando y aumentando tus opciones, ¡así que a explorar!

Probar

¿Alguna vez has considerado que lo que pruebas y comes antes de acostarte puede tener un efecto en tus sueños? Por ejemplo, anteriormente compartí contigo mis tres tés favoritos, todos tienen un sabor cálido y ligero que me ayudan a relajarme y conciliar el sueño. Si las cosas que comes antes de acostarte te hacen sentir bien y relajado es probable que tus sueños lo reflejen, y es más posible que te despiertes sintiéndote así por la mañana.

Si, en cambio, comes alimentos demasiados ácidos o picantes, y especialmente si comes algo muy pesado antes de acostarte, es probable que no duermas bien por la noche, y tus sueños también lo manifestarán. Recuerda que tu cuerpo tiene que procesar y digerir los alimentos durante la noche, por lo que es probable que una comilona antes de dormir dificulte conciliar el sueño. Incluso puedes tener sueños incómodos. ¡Pero la buena noticia es que tú tienes el control aquí! Si comienzas a notar un patrón que conecta los alimentos que comes y el tipo de sueños y la calidad del sueño que tienes, entonces puedes desempeñar un papel activo en tu ritual para acostarte.

Si notas que el sabor del té de lavanda te hace relajarte y dormir bien, entonces adelante, incorpóralo a tu rutina antes de acostarte. La clave aquí es conocerte a ti mismo y cómo reaccionas a ciertos sabores, alimentos y bebidas para que puedas prepararte para una noche llena de descanso.

Oler

¿A qué huele tu dormitorio? Es posible que no estés seguro de cómo responder esta pregunta. Puede que no sea algo en lo que hayas pensado, pero los olores de tu habitación también son importantes. Recuerda que tu habitación es un sitio para comenzar la exploración de tus sueños y, mientras duermes, puedes incorporar los olores de la misma al sueño. Por ejemplo, si tienes sábanas limpias que huelen a lavanda y te gusta ese olor, entonces el aroma puede ayudarte a acurrucarte en el sueño. Ahora bien, digamos que hay un olor molesto en la habitación. No estarás tan cómodo y puedes tener problemas para conciliar el sueño. Además, el olor perturbador puede entrar en tu sueño, ¡puedes soñar con basura! Recuerda, estos métodos nos ayudan a ser más lúcidos y conscientes de cómo las cosas que nos rodean y las cosas que hacemos nos afectan a nosotros y nuestros sueños. Pensar en cómo tus sentidos juegan un papel en la forma en que te exploras a ti mismo y al mundo te ayudará a hacer los ajustes que necesitas antes de dormir. Entonces tus sueños te orientarán aún más, para que puedas despertarte con una comprensión más profunda de ti mismo y de tus necesidades y deseos internos.

Sentidos espirituales

Ahora que hemos explorado las diversas formas en que puedes usar tus sentidos para ayudar a crear una rutina poderosa para la hora de dormir, compartamos cómo todo esto contribuye a tu bienestar espiritual. Cuando alineas mente, cuerpo y alma estás nutriendo tu alma y dándole el amor que desea. Al cuidar tu estado físico y tu entorno, permites que tu alma y tu energía superior se beneficien. Notarás que una vez que establezcas una rutina a la hora de dormir que promueva el amor, la unidad y la paz te sentirás realizado y emocionado de comenzar la exploración de tus sueños. Pronto verás que las respuestas que buscas ya están dentro de ti y las preguntas que tienes en tu vida despierta son meros indicativos de que estás en el camino correcto y simplemente en busca del siguiente paso. Presta atención a tus sensaciones y a tus necesidades, y crea tu rutina para que estés en paz en tu vida despierta. Cuando aprendas a hacer esto te realizarás plenamente, aprendiendo aún más sobre ti mismo a través de tus avances en dichas áreas.

Si comienzas a sentirte incómodo o inseguro respecto a tu rutina para dormir, es simplemente una señal de que necesitas incorporar algunos ejercicios nuevos a tu rutina. Permítete explorar lo que funciona para ti y haz las cosas que te hacen sentir bien. No sólo las cosas que te hacen sentir bien en el momento, sino las cosas que hacen que tu alma brille y te hagan sentir sano y bien en los días por venir. Recuerda siempre estar agradecido por tu integridad física y cuidarla. Cuanto más lo estés, más recíprocos serán tus sueños y tu Yo superior. Apreciarás reflejos de tu bienestar en tus sueños, ¡así que presta atención!

Capítulo 10

Sueños repetitivos

¿Alguna vez has tenido un sueño más de una vez? Si es así, experimentaste un sueño repetitivo. Estos sueños pueden tomar formas variadas, pero la clave aquí es que se repiten. ¿Sabías que los sueños que se repiten son una alerta amorosa de cosas que has estado ignorando? Quiero decir, puede que te estés preguntando: *¿Pero, qué estoy ignorando? ¡Si lo supiera no volvería a tener el sueño!* ¡Esto es cierto, así que exploremos ejemplos para ayudarte a comprender lo que ese sueño te está tratando de decir!

Una de nuestras soñadoras tenía sueños recurrentes sobre una tía con la que no había hablado en años debido a una discusión que tuvieron. No estaban en los mejores términos, y sin embargo, nuestra soñadora seguía viéndola en sueños. La mayor parte del tiempo el sueño seguía siendo el mismo. Estaban disfrutando de una comida juntas hablando de buenos recuerdos. La comida y la ubicación cambiaban. A veces estaban en la casa de la familia, otras veces al aire libre y los alimentos también variaban. Recuerda haber visto una comida tradicional de Acción de Gracias y, en otra ocasión, una variedad de frutas. La parte repetitiva del sueño era que estaba comiendo con su tía y hablando de buenos recuerdos. Nuestra soñadora recuerda que siempre disfrutaba con su conversación y el tiempo que pasaba con ella. No fue sino hasta que despertó que comenzó a cuestionarse: *¿Por qué estoy soñando con pasar un buen rato con mi tía cuando ni si quiera nos hablamos?*

Cuando un sueño se repite te está diciendo: *¡Presta atención! ¡Estás ignorando esto!* Con un sueño repetitivo, lo primero que quieres hacer es grabarlo. Esto te ayudará a ver si el sueño cambia con el tiempo o si sigue siendo el mismo. Con nuestra soñadora del ejemplo anterior la sensación y las acciones del sueño se mantuvieron iguales, a pesar de que la ubicación y los detalles variaron. Asegúrate de estar al tanto de los detalles de tu sueño para capturar lo que se repite. Fíjate cómo te sentiste. ¿Apresurado, preocupado, amado, etc.? Nuestra soñadora compartió que se sentía feliz y alegre durante el sueño. Ella simplemente no tenía idea de por qué. Cuando puedas describir el sentimiento, emplea un tiempo para recordar quién más estaba contigo en el sueño y qué estaba haciendo esa persona. Ahora obsérvate a ti mismo. ¿Qué estabas haciendo en el sueño? Una vez que hayas explorado suficientemente las cuestiones, plasma tus sentimientos y tu situación de tu vida despierta. ¿Hay algo similar en tu vida despierta? Si es así, ¿qué partes de tu vida te recuerdan? ¿Es la forma como te sientes, lo que estás haciendo, con quién estás o incluso el lugar?

Nuestra soñadora se dio cuenta de que estaba soñando eso porque necesitaba volver a conectarse con su tía y encontrar una solución amorosa. ¡El sueño le ayudó a darse cuenta de cuántos recuerdos había para atesorar y cuántas conversaciones aún podían tener! Después de explorar más esto junto con el grupo decidió que el sueño era una alerta amorosa, que la invitaba a perdonarse a sí misma y a su tía por el malentendido.

Una vez que identifiques la situación —como lo hizo nuestra soñadora con su tía— puedes comenzar a tener claridad sobre el significado y explorar qué acciones amorosas tomar. A menudo este tipo de sueño se presenta dramáticamente, como queriendo llamar tu atención. Notarás que la situación o la persona que te recuerda el sueño es una cuestión que por alguna u otra razón descartaste pensando que no tenía importancia. Es fundamental darte cuenta de esto porque tu Yo superior ha capturado tus verdaderos sentimientos y quiere ofrecerte algo de comprensión para esta situación.

Nuestra soñadora decidió comunicarse con su tía para reanudar la relación. Resulta que su tía también estaba pensando en ella y deseaba una conexión y una solución amorosa. Ambas fueron capaces de perdonarse y olvidar la confusión. Recuerda que no puedes controlar cómo reaccionará la otra persona, pero puedes dar un paso en la dirección correcta con la guía de tus sueños.

Otro soñador frecuentemente soñaba con un incidente de intimidación que le sucedió en la infancia cuando un compañero lo molestaba y actuaba muy agresivo con él. Dijo que ya no era importante porque sucedió hace de mucho tiempo, y no entendía por qué seguía viendo esto en el Mundo de los Sueños. Estaba seguro de que había perdonado a este niño y todo marchaba bien para él en su vida despierta. Después de conversar juntos, le pedí que reflexionara esto en su vida despierta y que encontrara qué situación había surgido recientemente que podría haberle recordado aquella intimidación.

Enseguida se dio cuenta de que había experimentado sentimientos similares con personas que se aprovechaban de él en su trabajo actual. Dijo que un colega a menudo lo hacía sentir pequeño e inseguro, pero no le había dado mucha importancia. Aparentemente su yo más profundo fue provocado y por eso se dio cuenta. Así, los sueños repetitivos le reflejaron la situación de cuando era niño. Ten en cuenta que entender el significado de cualquier sueño es sólo el primer paso. Luego se tuvo que cuestionar: *¿qué hago con esta información?* Se percató de que sentirse pequeño e inseguro contra este compañero de trabajo era algo en lo que necesitaba esforzarse, por lo que se prometió platicar durante las reuniones y notar si le decían algo para faltarle al respeto. Se dio cuenta de que era importante para él trabajar en su seguridad personal y expresar su sentir cuando fuera necesario, si sufriera un trato injusto en la oficina. El soñador admitió que al principio lo encontró desafiante, porque había permitido que este comportamiento continuara durante meses. Pero comenzó a desahogarse poco a poco, y el alivio y la confianza que obtuvo después fueron asombrosos. Todavía tiene momentos en los que hablar y dar su opinión le cuesta trabajo, pero nos dice que continúa mejorando y usando sus sueños para practicar y observar cómo va avanzando. Ejemplos como este nos muestran cómo los sueños repetitivos son un verdadero regalo para nosotros, porque resaltan las cosas que hemos estado pasando por alto, y nos alientan a cuestionar la forma en que pasamos por esta vita. Si puedes aprender a usar hábilmente tus sueños repetitivos, verás sus beneficios en tu vida despierta y sus consecuencias.

Capítulo 11
Pesadillas

Es común que la gente otorgue mala reputación a las pesadillas por el miedo que invocan, pero ¿sabías que éstos son algunos de los sueños más poderosos y curativos que existen? Las pesadillas nos brindan una visión profunda de las cosas que más tememos, nuestras inseguridades más profundas, incluso nuestros deseos más oscuros. ¡No dejes que esto te intimide! Recuerda que éste también es un sueño que está aquí para guiarte. La razón principal por la que prevalece el miedo en las pesadillas es porque ésa es la energía que el soñador lleva dentro. Y déjame recordarte, el Mundo de los Sueños te mostrará el miedo y la inseguridad de una manera dramática para que prestes atención. Voy a compartir contigo un método poderoso para ayudarte a usar tus pesadillas para encontrar significado y sanación, embargándote de energía amorosa.

Lo primero que debes hacer después de despertarte de una pesadilla es respirar profundamente y permitir que tu respiración te devuelva a energía neutral y tranquila. Esto puede requerir algo de práctica al principio porque las pesadillas suelen dejarnos agitados. Pero este método te ayudará en el futuro si vuelves a tener pesadillas. A continuación, coloca tus manos sobre tu corazón; recuerda que estás despierto y a salvo. Es importante no analizar tu sueño en este punto. Debes esperar hasta que estés tranquilo y en un estado de paz. Esto puede ser una sorpresa para ti pero —como dije antes— si tratas de entender tu sueño y su significado cuando sientes miedo, sólo descubrirás miedo. Te perderás el mensaje porque tu juicio está nublado. Así que sé paciente y calma tu energía. Cuando te sientas más en paz, escribe o graba tu sueño. Recuerda que las imágenes y los sentimientos son más dramáticos porque quieren llamar tu atención. Así que mantén la calma mientras haces esto. Ya que lo grabaste, practica como te he enseñado. Escribe los sentimientos que estabas experimentando. La emoción principal puede ser el miedo, pero observa además si te sientes preocupado, ansioso, etc. Anótalo todo porque te ayudará con los siguientes pasos. Mientras escribes tu experiencia, analiza quién estaba contigo en el sueño y qué estaba haciendo.

Esta parte es crítica en la pesadilla porque iluminará nuestras preocupaciones mediante nuestra interacción con los demás. Así como observas a otros en tu sueño, relájate y obsérvate a ti mismo. ¿Qué estás haciendo? ¿Estás tomando cartas en el asunto o estás inmóvil e inseguro? Observa lentamente esta parte porque te dará una idea de cómo te sientes acerca de lo que estás haciendo en tu vida despierta o de tu falta de acción. A través de este ejercicio de observación, analizas el sueño desde lejos, ya no "en" el sueño, sino a distancia. Es útil pensarlo de esta manera para que puedas captar todos los detalles posibles y no generar miedo adicional en la observación. Ésta es la parte del ejercicio con la que luchan muchos soñadores, pero yo te guiaré a través de ella. Es hora de reflexionar este sueño en tu vida despierta. ¿Qué está pasando en tu vida despierta que te recuerda los sentimientos, las personas, la situación o las acciones del sueño? Esta pregunta es clave porque una vez que determinas de dónde viene el sueño, puedes encontrar solución y sanación.

Las relaciones familiares pueden ser complicadas, y esta incomodidad a menudo aparece en el Mundo de los Sueños de una manera poderosa, incluso aterradora: ¡como pesadilla! Imaginemos que estás en tu Mundo de los Sueños, caminando por una calle y curioseando en los escaparates. Ves una prenda que te gusta en el aparador y, a medida que continúas caminando, notas una tienda de comida llena de tus postres con tu comida favorita. Emocionado entras a la tienda y suena tu celular. Respondes con la esperanza de colgar lo antes posible. Al teléfono está una pariente que se ha enfermado; ella pide verte antes de morir. Te das cuenta de que ni siquiera puedes recordar la última vez que viste a esa persona. Rápidamente sales de la tienda y corres hacia su casa, evitando todas las tiendas que ahora parecen no tener sentido ni importancia. Después de lo que parece una eternidad llegas a casa de tu familiar y te enteras de que falleció hace unos momentos. Te sientes decepcionado contigo mismo, triste por perder la oportunidad de estar a su lado. La observas y comienzas a llorar. Lentamente te despiertas del sueño, todavía llorando.

Este sueño es intenso, ciertamente incómodo. Pero exploremos su significado, aportando claridad y amor a esta situación. Muchos soñadores temen que cuando ven fallecer a un ser querido en un sueño debe de indicar ciertamente que esto sucederá en su vida despierta. Esto no siempre es el caso. De hecho, es sólo una posibilidad, incluso si el idioma de tus sueños fuese exacto. Es decir, que lo que sueñas es una representación exacta de lo que puedes esperar en tu vida despierta. Incluso si este es el caso, el sueño es una oportunidad amorosa para dar energía a una realidad diferente. Además es una oportunidad para reconciliarte con tu ser querido y tener un sistema de apoyo.

Te das cuenta de que para entender claramente su mensaje necesitas observar tus sentimientos en el sueño. Llegas a la conclusión de que durante el sueño te sentiste emocionado de ver todas las tiendas y mercancías y explorarlas, pero una vez que te diste cuenta de que tu ser querido estaba muriendo, las tiendas ya no tenían sentido. Relacionas esto en tu vida despierta y comienzas a conectar los puntos. El ser querido es alguien con quien no has hablado en años. No porque estuvieras molesto o enojado con ella; más bien has tenido la intención de llamar, pero la vida cotidiana se puso de por medio. En el sueño deseabas tener más tiempo con ella y llegar hasta su cama para estar presente. ¡Empiezas a sentir la claridad del mismo! Es una alerta amorosa que te aconseja apreciar a tu ser amado y no dejar pasar el tiempo. ¡Aceptas que has querido acercarte a ella y no lo hiciste porque sólo te preocupaste en vivir la vida con sus divertidas tentaciones, las tiendas del sueño! Tu Mundo de los Sueños te mostró que es hora de hacer lo que has estado posponiendo: reconectarte y valorar tu tiempo con ella. Recuerda que este mundo es dramático, debido a que es nuestro ser interior el que intenta guiarnos y mostrarnos lo que aún necesitamos sanar. No permitas que las imágenes te causen miedo. Reserva tiempo para notar lo que sentiste en el sueño y compara dicho sentimiento en tu vida despierta. Cuando sabes de dónde viene el significado del sueño en tu vida despierta, puedes ser un creador proactivo y tomar acciones amorosas.

Muchas veces las personas interpretan sus sueños y no hacen nada al respecto en sus vidas despiertas, y la explicación es sólo la mitad del trabajo. ¡Nuestros sueños requieren toda nuestra atención y amor! Entonces sabiendo lo que ya sabes, acércate a tu ser querido y hazle saber que la aprecias y que estás feliz de pasar tiempo con ella. Tu sueño te ayudó a darte cuenta de que la amas y no deseas ignorarla ni verla como si ya no importara. Ahora bien, recuerda que no podemos controlar cómo reaccionará tu ser querido si le haces saber cuánto la aprecias, pero sabemos lo que nos dice el Mundo de los Sueños; así que actuemos de una manera amorosa. El punto es usar tus pesadillas para identificar lo que realmente te molesta y luego emplear esta información para producir más amor a esa área de tu vida. Este sueño ilustra cómo pueden beneficiarte tus pesadillas, pero a menudo dichas experiencias son difíciles de entender, por supuesto, tienen varias capas de significados. Utilizo las palabras *sueño* y *pesadilla* indistintamente en esta sección, porque la pesadilla sigue siendo un sueño, sólo que da miedo porque aún no entendemos su alcance. Una vez que lo entendemos ya no es un misterio. Y lo mejor es que podemos encontrar amor y sanación para nuestros seres con su ayuda. A continuación, incluyo una tabla que puedes utilizar para aliviar tus pesadillas. Se basa en nuestro ejemplo más reciente. Recuerda que este sueño es sólo un modelo; éste puede tener numerosos significados dependiendo de la experiencia y los sentimientos del soñador.

Generar amor en una pesadilla	
Cálmate para no atraer más miedo al sueño. Una vez que estás tranquilo, explora la tabla a continuación.	
¿Quién estaba en el sueño contigo?	*Ser querido*
¿Qué estabas haciendo?	*Estaba observando el fallecimiento de un ser querido. No estaba haciendo nada más que mirar y estaba triste porque no llegué a tiempo.*
Aparte del miedo, ¿qué más sentiste, si es que sentías algo?	*Me sentí triste y decepcionada por no pasar más tiempo con mi ser querido.*
¿Qué sucede en tu vida despierta que te recuerda a los sentimientos, personas, situaciones o acciones tomadas en el sueño?	*He tenido la intención de conectarme con mi ser querido, pero procrastiné, haciendo otras cosas que ahora parecen sin sentido.*
¿Qué lección amorosa puedes sacar de esta experiencia?	*Siento que mi sueño me está recordando a una persona querida y me dice que no posponga la reconexión con ella.*
¿Qué paso amoroso vas a tomar en tu vida despierta?	*Voy a conectarme con mi ser querido y decirle que la amo y la aprecio. También quiero pedirle que nos frecuentemos.*

Haz una pausa para dar gracias por esta experiencia y aprecia la lección amorosa que tu sueño te ofrece.

Generar amor en una pesadilla	
Cálmate para no atraer más miedo al sueño. Una vez que estás tranquilo, explora la tabla a continuación.	
¿Quién estaba en el sueño contigo?	
¿Qué estabas haciendo?	
Aparte del miedo, ¿qué más sentiste, si es que sentías algo?	
¿Qué sucede en tu vida despierta que te recuerda a los sentimientos, personas, situación o acciones tomadas en el sueño?	
¿Qué lección amorosa puedes sacar de esta experiencia?	
¿Qué paso amoroso vas a tomar en tu vida despierta?	

Haz una pausa para dar gracias por esta experiencia y aprecia la lección amorosa que tu sueño te ofrece.

Generar amor en una pesadilla	
Cálmate para no atraer más miedo al sueño. Una vez que estás tranquilo, explora la tabla a continuación.	
¿Quién estaba en el sueño contigo?	
¿Qué estabas haciendo?	
Aparte del miedo, ¿qué más sentiste, si es que sentías algo?	
¿Qué sucede en tu vida despierta que te recuerda a los sentimientos, personas, situación o acciones tomadas en el sueño?	
¿Qué lección amorosa puedes sacar de esta experiencia?	
¿Qué paso amoroso vas a tomar en tu vida despierta?	

Haz una pausa para dar gracias por esta experiencia y aprecia la lección amorosa que tu sueño te ofrece.

Generar amor en una pesadilla	
Cálmate para no atraer más miedo al sueño. Una vez que estás tranquilo, explora la tabla a continuación.	
¿Quién estaba en el sueño contigo?	
¿Qué estabas haciendo?	
Aparte del miedo, ¿qué más sentiste, si es que sentías algo?	
¿Qué sucede en tu vida despierta que te recuerda a los sentimientos, personas, situación o acciones tomadas en el sueño?	
¿Qué lección amorosa puedes sacar de esta experiencia?	
¿Qué paso amoroso vas a tomar en tu vida despierta?	

Haz una pausa para dar gracias por esta experiencia y aprecia la lección amorosa que tu sueño te ofrece.

Generar amor en una pesadilla	
Cálmate para no atraer más miedo al sueño. Una vez que estás tranquilo, explora la tabla a continuación.	
¿Quién estaba en el sueño contigo?	
¿Qué estabas haciendo?	
Aparte del miedo, ¿qué más sentiste, si es que sentías algo?	
¿Qué sucede en tu vida despierta que te recuerda a los sentimientos, personas, situación o acciones tomadas en el sueño?	
¿Qué lección amorosa puedes sacar de esta experiencia?	
¿Qué paso amoroso vas a tomar en tu vida despierta?	

Haz una pausa para dar gracias por esta experiencia y aprecia la lección amorosa que tu sueño te ofrece.

A pesar de que las pesadillas pueden inspirarnos a sanar y crecer, muchos de nuestros soñadores me preguntan qué pueden hacer para no tener sueños de ese tipo. Así que **compartiré algunas de las tácticas que puedes intentar para mantenerlas alejadas.**

Una estrategia fundamental que puedes utilizar es nunca ignorar una pesadilla. Es muy común que los soñadores minimicen o incluso eviten activamente una pesadilla debido al miedo que sienten durante el sueño. Evitarlo sólo aumenta nuestra resistencia contra él; hace que parezca aún más aterrador porque no entendemos su significado más profundo. Uno de los mayores regalos que puedes darte es hacer un espacio para practicar la comprensión de lo que significa la pesadilla. Te aseguro que simplemente te pide generar más amor y que busques una solución en un área particular de tu vida. Con más práctica descubrirás que las pesadillas son una oportunidad para una profunda autocomprensión.

La otra cosa que puedes hacer para evitar las pesadillas es practicar ser más consciente de las cosas que escuchas y miras y de las acciones que realizas en tu vida despierta. Es común escuchar que alguien tuvo una pesadilla después de ver una película de miedo, jugar un juego de terror o incluso escuchar música que inspira recelo. Sé selectivo con lo que permites en tu vida. Si deseas menos pesadillas y más sueños amorosos, debes estar dispuesto a concentrarte en las cosas que generan energía amorosa en tu vida despierta.

Por ejemplo, si te gusta jugar videojuegos agresivos que te ponen ansioso o simplemente te dan miedo en general, entonces debes tener en cuenta que estas mismas sensaciones pueden surgir en el Mundo de los Sueños. Aunque es *sólo un juego*, los sentimientos que experimentas son reales. Si utilizas demasiado a un juego de miedo, no sólo tendrás sueños temerosos, sino que también verás la vida con ojos asustadizos. Permíteme explicarte esto más a fondo. Cuando empleas juegos que te dan miedo, esa desconfianza se apodera de ti, y mientras lidias con la vida cotidiana, es más probable que veas los aspectos suspicaces en una situación. La razón por la que esto sucede, es porque esencialmente estás practicando estar expuesto a cosas aterradoras y reaccionar con miedo e impulsos rápidos. Así que esto comenzará a mostrarse tanto en tu vida despierta como en el Mundo de los Sueños a través de varias imágenes y sentimientos. Otro elemento para tener en cuenta es que cuanto más empleas los juegos que te traen miedo, más indiferente estarás a ellos. ¿Alguna vez has utilizado un juego de miedo, donde las imágenes y las acciones te asustaron al principio, pero después de un tiempo ya no te molestaron? Esto se debe a que normalizaste las imágenes y acciones en el juego, así también como el miedo resultante. Esto no es algo nada favorable, porque con el tiempo es más probable que te encuentres "bien" jugando y viendo cosas que te dan miedo y, por lo tanto, darás cabida con más frecuencia a ese tipo de energía a tu vida. A veces cuando esto sucede, el soñador ni siquiera es consciente de ello, por estar tan acostumbrado a sentir miedo y estar en constante estado de alerta.

En la misma línea, si escuchas música o historias que te dan miedo, es más probable que experimentes pesadillas. Esto ocurre porque te estás enfocando en cosas que te hacen sentir temor, y eso en lo que te enfocas crecerá. Esto puede parecer desafortunado, pero en realidad es una gran noticia porque ¡el poder está en nuestras manos! Si deseas tener más sueños amorosos y menos pesadillas, debes comenzar a ser más consciente de lo que permites en tu vida despierta.

Los consejos anteriores te ayudarán a tener menos pesadillas, pero recuerda siempre reflexionar sobre cómo vives tu vida despierta si empiezas a tener más pesadillas de lo habitual. Si esto sucede, es una clara alerta de que algo en tu vida necesita más atención amorosa y sanación. Las pesadillas son incómodas. Pero como puedes ver, están aquí para inspirar los aspectos de tu ser y de tu sanación vital.

 **Cómo encontrar el Mensaje Amoroso en una pesadilla**

Capítulo 12

Sueños lúcidos

¿Te ha pasado alguna vez que estás consciente mientras sueñas? ¡Entonces has experimentado un *Sueño Lúcido*! Si aún no lo has hecho, descuida. Vamos a explorar algunos de los beneficios de los sueños lúcidos y a ofrecerte sugerencias sobre cómo tener una experiencia de este tipo.

Una de las cosas más comunes que me dicen los soñadores, es que un sueño lúcido es fácil de recordar porque se siente muy real. Y tienen razón. ¡Durante dicha experiencia las personas sienten que realmente están allí! ¡Viviendo, respirando, caminando y explorando en el Mundo de los Sueños! Lo conveniente de este tipo de sueño es que cuentan con similares beneficios a los de tu vida despierta, porque durante esos momentos estás conectando mente, cuerpo y alma. Entonces sientes las emociones a un nivel muy profundo, percibes el suelo sobre el que caminas y te sabes consciente de tu entorno y de ti mismo. La razón por la que estos sueños son aún más emocionantes es porque tienes la oportunidad de hacer cambios en el Mundo de los Sueños de una manera mucho más rápida que en tu vida despierta.

Por ejemplo, muchos soñadores eligen explorar, volar, crear o simplemente disfrutar de las escenas mágicas una vez que se dan cuenta de que están soñando. A veces los soñadores pueden tener el deseo de ver algo o alguien específico en su sueño lúcido, y podrán hacerlo realidad con la práctica. Este método es poderoso porque esencialmente estás creando lo que deseas dentro de tu sueño, y eventualmente la autoconfianza que estás promoviendo se reflejará en tu vida despierta.

Nos hemos acostumbrado a la idea de: *Lo creeré cuando lo vea*. Los sueños lúcidos nos muestran que éste no es el camino de la credibilidad. Por el contrario, nos muestran que debemos estar en la frecuencia de SENTIMIENTO del DESEO que tenemos. Un ejemplo de esto en un sueño es el siguiente:

Imagina que estás soñando y te ves caminando sobre el campo. Caminas solo. Cuando miras el cielo lo ves diferente al de tu vida despierta y sientes un pensamiento suave en tu interior que se pregunta: *¿estoy soñando?* Luego haces una conexión con tu juicio e identificas que tienes un sueño lúcido.

¡Ahora caes en cuenta de que puedes hacer cualquier cosa en el sueño! Mientras caminas sobre el pasto miras hacia el cielo una vez más y tienes ganas de volar. Antes de que puedas volar debes creer que es posible para ti. Te conectas con la idea de que tienes el poder de volar y a medida que te unes con la sensación de fuerza interna te sientes volando. Una vez que miras a tu alrededor te das cuenta de que estás en el aire. El viento es fresco y sopla a través de tu cabello mientras recorres el cielo mágico de tus sueños.

Ahora bien, reconozcamos que podemos aprender una enorme cantidad de información de nuestros sueños. Específicamente el sueño lúcido nos enseña que antes de lograr algo debemos sentir que somos capaces de hacerlo.

¡Exploremos un proceso de creación en el Mundo de los Sueños en tres sencillos pasos, que puedes usar para comenzar tu viaje consciente hacia los **sueños Lúcidos!** Al momento que te des cuenta de que estás soñando, tendrás que prepararte para el primer paso.

Paso 1: Ser consciente

Inhala profundamente y mantén la calma durante estos pasos, para evitar despertarte con la emoción. Ahora que estás aquí tranquilo mira alrededor del sueño, observa los detalles. ¿Qué ves? ¿Te gusta lo que observas? Disfruta y sé verdaderamente consciente de tu sueño y tu entorno. Asegúrate de mantener la calma. Cuanto más tranquilo estés durante esta parte tu experiencia en tu sueño lúcido será más duradera. Éste es también un gran método para los sueños lúcidos que tengas en el futuro. Podrás permanecer en tu sueño por más tiempo mientras practicas ser consciente de que estás soñando, y mantienes tu energía calmadamente.

Paso 2: Desear

Ahora que te has tomado un momento para ser consciente de ti mismo y de tu entorno, necesitarás desarrollar un deseo. ¿Qué más quieres ver? ¿Qué quieres sentir? ¿Qué quieres hacer? Dedica tiempo para sentir lo que quieres experimentar. Mantenlo simple al principio y trabaja hasta alcanzar deseos más grandes en otros sueños lúcidos. Digamos que tu deseo es explorar las otras habitaciones de la casa del sueño en el que te encuentras. Antes de que puedas moverte en esa dirección, ¡tienes que *sentir* que puedes! Advertir que tienes el control y la conciencia suficiente para entrar en las otras habitaciones. Piensa y percibe que eres capaz de explorar esta casa fácilmente. Ahora que estás seguro de que esto es posible para ti, puedes pasar al Paso número 3.

Paso 3: ¡Hacerlo realidad!

Respira y comienza a sentir aprecio al saber que puedes hacer cambios en el Mundo de los Sueños. Permítete caminar lentamente hacia las áreas de esta casa que quieres explorar. Siente lo agradable que es poder elegir tu camino. Te emocionarás al darte cuenta de que tienes el control completo y puedes revisar la casa. Mantén la calma y sigue caminando. Observa los detalles y cómo te sientes al tomar el control de tu sueño. Observa las puertas e incluso toca las paredes para conectarte realmente con la casa en tu sueño. Esto te ayudará a tener más sueños lúcidos, como explicaré más adelante en esta sección dedicada a ellos. Abre puertas y explora la casa tanto como quieras. Relájate y quédate todo el tiempo que te sea posible, disfrutando de la sensación de ser consciente y tener el control de ti mismo y de tu entorno.

Una vez que completes estos pasos con éxito comenzarás a ver sus beneficios en tu vida despierta. Exploremos por qué. Demos un paso atrás y revisemos los Tres Pasos que acabamos de repasar para inducir sueños lúcidos. El primer paso te invita a practicar el ser consciente de tu entorno y de ti mismo, lo que te permitirá estar más alerta y reflexivo sobre las cosas que suceden en tu vida despierta. Notarás que captas más cosas que suceden a tu alrededor y en tu interior. Esto ocurrirá naturalmente porque has estado practicando ser más consciente y tomarte tu tiempo en el Mundo de los Sueños. Al igual que con cualquier otra cosa, cuanto más practiques mejor lo harás. Excepto que cuando lo ejercitas en el Mundo de los Sueños, estás más enraizado en ti porque estás ejecutando algo en el nivel más profundo y tranquilo de tu ser. Básicamente estás trabajando con tu subconsciente para tener más conciencia.

El segundo paso te anima a percibir el deseo interior y comenzar a sentir que el deseo es posible y alcanzable. Este ejercicio es un regalo porque notarás que la duda y la incertidumbre que sentiste al intentar algo nuevo en tu vida despierta se debilitarán. Tu confianza y conciencia aumentarán. Esto es natural porque te estás *permitiendo* percibir libremente lo que más quieres y aceptar que es posible para ti. Las limitaciones que te ponías a ti mismo en el pasado disminuirán, y cuanto más te animes en tu vida despierta a aceptar grandes cosas en tu vida, más las recibirás. Descubrirás que tus sueños te empujan aún más hacia una nueva versión más confiada de ti mismo. Como puedes ver, estos pasos son poderosos y te ayudarán a evolucionar a tus mejores versiones. Digo *versiones* porque ahora que te permites crecer de esta manera, ¡eres ilimitado!

El tercer paso dice: *¡hazlo realidad!* Este paso también te ayudará a alcanzar tus metas y sueños en tu vida despierta, pero también te fomentará a mantener la paz y la calma durante toda la experiencia. Probablemente hayas oído hablar de personas que deseaban algo grande; ¡tal vez sea ese ascenso laboral o esa nueva casa! Luego, cuando lo consiguieron se estresaron y no pudieron disfrutar de su nuevo puesto o del hogar que siempre habían querido. Esto sucede cuando la persona se rehúsa a recibir el obsequio, no permitiendo que su ser mantenga la calma y aprecie la nueva realidad. En este paso te recomiendo que permanezcas relajado mientras comienzas a ver materializarse lo que quieres en tu sueño. Esto es crucial porque a medida que comiences a ver *en tu vida despierta* las cosas que más deseas, deberás aplicar el Paso 3: mantén la calma y la energía amorosa para que puedas disfrutar de los dones que creaste y no sentirte abrumado por ellos. Tú puedes lograrlo.

Estos pasos te ayudarán a convertirte en un creador más consciente y amoroso. ¡Estoy muy orgullosa de ti por unirte a mí y a otros soñadores en este viaje hacia el crecimiento personal!

Usa los sueños lúcidos para sanar

¿Sabías que puedes usar tus sueños para ayudarte a sanar emocional, mental o incluso físicamente? Si crees que esto suena un poco irrazonable, explora conmigo por qué es posible y cómo hacerlo tú mismo dentro de tu Mundo de los Sueños. Es factible que ya seas consciente de lo poderosa que es tu mente; ella contiene tus recuerdos, ideas, deseos y sabiduría. Una vez que tienes una idea y aceptas la idea como verdadera, comienzas a verla desarrollarse en tu vida. Por ejemplo, digamos que al crecer tus padres te enseñaron un conjunto particular de creencias o principios que tenías que seguir o de lo contrario sucedería algo malo. A medida que crecías, realmente creías esto, así que hiciste lo que te dijeron. ¡Y a medida que cumplías empezaste a ver que tenían razón! Cuando seguías sus principios todo estaba bien. Pero si te desviabas de esos principios, te dabas cuenta de que te sentías mal y veías cosas "malas" sucediendo a tu alrededor. Ahora bien, debiste pensar: *bueno, es mejor que siga haciendo lo que dicen esos principios porque si no lo hago, algo malo sucederá.*

La verdad aquí es que creíste tanto en esta idea que comenzaste a sentirte mal si no actuabas según estos preceptos, y por eso estabas operando con energía pesada/*negativa*. Por lo tanto, tiene sentido que percibieras el mundo a partir de esta energía y notaras lo que coincidía con tu forma de parecer. Este breve ejemplo ilustra el poder de tu mente: crecerán las cosas en las que crees y a las que les das energía. Es importante darte cuenta de que tienes el poder de crear una realidad más amorosa para ti mismo. En este caso, estar libre de seguir principios específicos para tener una vida amorosa.

Entonces, ¿puede este ejemplo ayudarnos a prepararnos para sanar en el Mundo de los Sueños? Claro que sí. Podemos aprender de la idea de que nuestras mentes son poderosas y que podemos crear una realidad diferente para nosotros mismos al energizar las cosas que realmente necesitamos y deseamos. Ahora bien, esto no es simplemente una práctica de visualización, sino más bien una práctica de *sentir* que lo que deseas y necesitas sanar *ya está dentro de ti*. En el ejemplo anterior, una idea que aceptas como verdadera y a la que le das energía comienza a verse en tu vida despierta. Así que usemos esto a nuestro favor y comencemos a darle energía a una realidad más amorosa que promueva la sanación que necesitamos.

Digamos que actualmente necesitas **sanación emocional y ánimo**. Tal vez has estado pensando que no eres lo suficientemente bueno o que lo que estás haciendo actualmente tiene poca importancia. Cuando nos sentimos emocionalmente débiles debido a las ideas dolorosas que repetimos en nuestra mente, empezamos a creer dichas ideas ofensivas y se vuelven realidad. Pero como creador consciente ¡puedes engendrar algo diferente a partir de ahora! Tomemos un momento para apreciar dónde estamos, qué hemos hecho, quiénes somos y el viaje que hemos liderado. Respira hondo y agradece. Eres único y tu vida te ofrece una perspectiva única que nadie más tiene, así que encuentra y valora esto. Reserva tiempo para escribir las cosas que vienen a tu mente que te hacen sentir bien. Por ejemplo, si eres capaz de apreciar tu rol como estudiante, padre, amigo, etc., escríbelo. Si puedes encontrar apreciación en tu carrera, anótalo. Haz una pausa para escribir cualquier mensaje de agradecimiento que te venga a la mente. A medida que lo hagas sentirás más y más aprecio por ti mismo y por tu vida. Ahora bien, toma esta lista y léela antes de dormir. Este proceso pone tales ideas nuevamente en tu mente y motivará tu Mundo de los Sueños a reflejar esas emociones en ti, amplificándolas mientras duermes. Incluso puedes establecer una intención antes de acostarte, atrayendo más oportunidades para sanar emocionalmente y fortalecer tu autoconfianza. Cuando te das cuenta de lo que te está causando dolor emocional o físico, puedes, por el contrario, apreciar dónde estás y establecer una intención que amplifique la sanación que más necesites.

Ahora exploremos la sanación física en los sueños lúcidos. Tal vez estás físicamente enfermo o débil y quieres usar tus sueños para mejorar tu salud. Dormir bien por la noche ya es un gran paso en la dirección correcta. Pero también puedes establecer un método poderoso y una intención para sanar. Es mejor hacer esto cerca de la hora de acostarte para que la cura pueda continuar mientras duermes. Primero haz una pausa para sentir dónde se origina tu dolor físico. A medida que sientas el dolor, permítete llorar si es necesario; éste es un momento de liberación, así que déjalo fluir. A medida que sientas el dolor en tu cuerpo, ten en cuenta que está ocurriendo porque está intentando sanar a su manera, lo que puede causar mucha incomodidad. Disfruta y aprecia la grandeza de estar vivo. Sí, tienes dolor físico, pero respiras y puedes estar agradecido por ello, incluso en este momento. Ahora coloca tus manos sobre tu corazón y siéntelo latir. Advierte cómo se mueve tu pecho mientras inhalas y exhalas. Ahora que estás aquí, con las manos en tu corazón, imagina que el dolor es un rayo de luz amoroso y enérgico. Supón que esta luz está llenando tu área de dolor y cubriéndola completamente con energía curativa. Ahora extiende tus manos frente a ti —a unos quince centímetros de distancia— e imagina esta misma energía curativa de luz poderosa que se transfiere de una mano a la otra.

Imagen 12: Esta práctica es un gran recordatorio de tu poder interior. Date un tiempo y disfruta de la energía que atraes a este mundo.

Practica el envío de energía de luz curativa de tu mano derecha a tu izquierda y luego viceversa. Sigue respirando. Entre tus manos comenzarás a sentir una tensión que pronto aumentará de fuerza. Ésta es tu propia energía curativa interna que aumenta y se transfiere entre tus manos. Cuando la fuerza se sienta bien para ti y tu mente esté aceptando la energía curativa que posees, toma tus manos y pásalas a unos diez centímetros de distancia del área que duele. Al hacerlo imagina que estás generando energía amorosa y de sanación en esta área. Deja que tu mente acepte esta idea y permite que se regocije al respecto. Eres sólo tú; estás en un lugar seguro y estás usando tu propio poder en conexión con el universo para sanar, así que déjalo ser.

Imagen 13: Creo que a Angelita le gusta estar cerca de mí mientras practico esto, porque siente mi energía amorosa y quiere ayudarme a amplificarla.

Pasa tus manos sobre esta área tantas veces como se te sienta bien. Notarás una suave fuerza en el área mientras pasas las manos sobre ella. Esto es lo que necesitas. Permítete encontrar la energía sanadora y amorosa que viene desde dentro. Sigue respirando y cuando te sientas bien, puedes colocar tus manos sobre tu corazón nuevamente mientras estableces una poderosa intención para continuar tu viaje de sanación en tus sueños. Date cuenta de que tu cuerpo todavía puede tener dolor, pero tendrás una sensación de alivio. Con las manos sobre el corazón da gracias por tu experiencia de sanación y pídele al universo que te ayude a continuar sanando mientras duermes. Invita a Dios, a tus ángeles o guías a unirse a ti en el Mundo de los Sueños y guiarte en tu viaje de sanación. Recuerda, tu intención es única para tus necesidades, así que siéntete libre de decir lo que funciona mejor para ti. Puedes hacer esto tantas veces como desees y para cualquier dolencia que tengas. Este poderoso ejercicio se convertirá en una segunda naturaleza a medida que te sientas más cómodo con tu poder interno.

Usa los sueños lúcidos para practicar

A medida que profundices en tus sueños lúcidos ¡comenzarás a ver cómo puedes explorarlos y autoexplorarte sin límites! Por ejemplo, en tus sueños lúcidos puedes practicar la resolución de un conflicto que te preocupa en tu vida despierta. Puedes usar este lugar dentro de ti mismo para tomarte el tiempo necesario para revisar y ensayar lo que desees. Este método funciona mejor cuando estableces una intención antes de acostarte, indicando exactamente lo que quieres ejercitar. Digamos que tienes una reunión importante próximamente y deseas sentirte más seguro respecto a tu presentación. Podrías establecer una intención y pedirle al universo que te ayude a practicarla mientras duermes. Recuerda que lo que quieras practicar es posible en el Mundo de los Sueños, sólo necesitas preguntar. Ahora bien, date cuenta de que tu yo más profundo te mostrará lo que más necesitas ejercitar para que puedas sentirte más seguro respecto a tu presentación. Es posible que te despiertes y recuerdes haber soñado que superaste la presentación y obtengas una sensación de alivio. Tal vez te despiertes y recuerdes sentirte más seguro, aunque no hayas ensayado tu presentación. Esto sigue siendo un logro porque puedes llevar esa energía de confianza a tu vida despierta imprimiendo seguridad durante tu presentación.

Ahora bien, ¿qué pasa si te despiertas y no recuerdas nada? ¿Significa esto que no avanzaste? Claro que no. Recuerda que incluso si no recuerdas un sueño, puedes conectarte con el sentimiento cuando te despiertas. La sensación con la que te despiertas puede proporcionar información sobre la experiencia de tus sueños. También date cuenta de que establecer este tipo de intención antes de acostarte es poderoso: cuanto más establezcas una intención específica antes de acostarte, más tendrá tu yo profundo la práctica en la vanguardia de tu mente. También considera de que las intenciones que establezcas no terminan en el Mundo de los Sueños, sino que también continúan en tu vida despierta. Esto significa que la intención que estableces antes de acostarte todavía está funcionando para ti mientras haces tus rutinas diarias: la has compartido verbalmente con el universo, tu mente, cuerpo y alma se han conectado con él, y está vivo y listo dentro de ti. Cuando eres capaz de pedir algo significa que estás mucho más cerca de recibirlo. La razón es que una vez que puedes decirlo en voz alta lo estás invitando a estar presente en tu vida. Recuerda que puedes practicar lo que quieras en tus sueños, ¡los límites los estableces tú! A veces tenemos demasiado miedo de pedir orientación y ayuda; entonces nos damos cuenta de que una vez que lo hacemos el universo comienza a responder. Permítete mantenerte conectado con el poder del universo y recibir los dones que ya son tuyos. Recuerda que si tienes un deseo ¡el universo ya está diciendo que es una posibilidad para ti si eliges aceptarlo!

Usa los sueños lúcidos para explorar

¿Alguna vez has tenido un sueño lúcido y te has encontrado simplemente explorando, disfrutando de las imágenes y los colores? Explorar en tu sueño es un gran ejercicio porque te ayuda a estar más dispuesto a examinar una situación en particular en tu vida despierta. Cuando puedes tomar un momento para ser consciente del sueño y simplemente tener el deseo de explorar, te conduce a un lugar de creatividad tranquila. Esto es importante porque si indagas cosas nuevas en tu sueño y mantienes la calma a medida que ves nuevas imágenes, sientes nuevas emociones y te acercas a cosas nuevas, es más probable que actúes de esta manera en tu vida. Recuerda que necesitas mantener la calma en un sueño lúcido para que puedas permanecer en él. Si te emocionas demasiado, te asustas o sientes algo a un nivel extremo ¡es probable que te despiertes! Por lo tanto, tomar toda esta nueva información de una manera tranquila es fundamental, pero también es un gran método para tu vida despierta. ¿Te imaginas estar en tu vida despierta y mantener la calma y el equilibrio a medida que surgen nuevas situaciones y factores estresantes en tu vida? Los beneficios de explorar en un sueño lúcido son excelentes para tu crecimiento personal y autoconfianza.

Explorar en los sueños será diferente para cada soñador. Algunas personas se encuentran explorando una casa. Debido a que el sueño es lúcido pueden elegir qué habitaciones acceder, qué puertas abrir o incluso qué nuevas áreas crear. ¡Otros soñadores se encuentran lúcidos al aire libre y son capaces de crear montañas, animales o incluso volar! Cada soñador tendrá una experiencia única de sueño lúcido que está destinada a ayudarlo de alguna manera. Cuando tengas tu experiencia de sueño lúcido haz una pausa para aprender de ti mismo. Observa lo que deseabas, lo que decidiste hacer y cuál fue el resultado. Al reflexionar sobre esto podrás ver lo que te causa problemas en tu proceso de creación en tu vida despierta. ¡El regalo de un sueño lúcido debe ser atesorado! También reconoce que este momento es una experiencia poderosa, porque estás practicando los tres pasos de la creación de sueños lúcidos que exploramos anteriormente en esta sección. Esto te ayudará a tener confianza, permitiéndote experimentarlos con facilidad.

Notarás que se necesita un poco de esfuerzo y práctica al principio para explorar las áreas que deseas. Es posible que dudes en entrar en un área, tal vez incluso tengas miedo. ¡No te desanimes! Esto es simplemente una revelación de tu reacción cuando te das cuenta de que eres el creador de tu sueño y de tu vida. Este poder requiere algo de práctica para dirigirlo. Incluso es posible que desees explorar un área pero tu cuerpo no puede moverse en esa dirección. Una vez más, todo está bien. Esta falta de movimiento puede ayudarte a entender tus dudas al tomar acciones en tu vida despierta. Los sueños ofrecen capas de información, y los sueños lúcidos tienen aún más que revelar. De cualquier manera, estás aprendiendo sobre tus verdaderos deseos y tus miedos en el nivel más profundo, ¡así que sigue explorando!

Usa tus sueños lúcidos para resolver conflictos

¿Sabías que tus sueños lúcidos también pueden permitir la resolución de conflictos? Recuerda que como creador y soñador puedes diseñar una experiencia que quieras tener. Una de las mejores maneras de hacerlo es establecer una intención antes de dormir. Digamos que estás listo para resolver un conflicto con otra persona. Puedes pensar que la única manera de hacer esto es hablando con esa persona en tu vida despierta. Aunque puedes tomar esta ruta, algunos soñadores no están listos para hacerlo, y el Mundo de los Sueños puede ofrecerte un lugar para practicar la resolución de conflictos. Cuando establezcas tu intención antes de acostarte, recuerda ser claro en tu intención amorosa y seguir las lecciones aprendidas del capítulo 9. Una vez que sueñas con conectarte con esta persona en tu sueño —si es un sueño lúcido— puedes decidir qué decir y hacer. Éste es un procedimiento poderoso porque te estás permitiendo estar expuesto a esta situación y practicando ser transparente con la otra persona.

No sólo puedes decidir qué decir sino que también cómo reaccionar. Digamos que le confesaste algo a una persona en tu sueño lúcido, y la reacción fue de ira y se molestó contigo. Esto puede parecer un mal sueño, hasta una pesadilla, pero es un regalo porque te da la oportunidad de practicar tu respuesta. ¿Qué dirás? ¿Qué harás? ¿Estás dispuesto a escuchar su dolor? Ésta es una magnífica oportunidad para aprender sobre ti mismo y determinar si estás listo para dar este paso. Presta mucha atención a tus acciones, reacciones y sentimientos durante esta experiencia.

Muchos de nuestros soñadores comparten que después de una experiencia como esta, es más probable que escuchen a la otra persona y estén más dispuestos a perdonarlos y perdonarse a sí mismos. La experiencia de cada uno será única, pero cada quien tiene que tomar una decisión. ¿Usaremos esta información para ayudarnos a nosotros mismos? ¿O lo ignoraremos? ¡Es hora de elegir!

Es posible que descubras que una experiencia de sueño no es suficiente para ti. Al igual que prácticas en tu vida despierta antes de hacer algo, el Mundo de los Sueños es igual. Es posible que desees obtener más práctica antes de tomar medidas, ¡y eso está bien! ¿Recuerdas cómo dije que nuestros sueños nos conectan con nuestros seres queridos y con el universo? Bueno, esta experiencia no es sólo para ti. La persona con la que estás soñando sentirá esto en su interior, tal vez al recordar una experiencia. O sintiéndote, tal vez incluso llamándote. No te preocupes y no tengas miedo. Esto es normal. Cuando pensamos en otros con emociones fuertes ellos comenzarán a pensar en nosotros también. ¿Te ha pasado eso? ¡Tal vez estabas pensando en alguien y la persona te llamó o te envió un mensaje de texto poco después! Es porque todos estamos conectados por nuestra energía interna. Así como esto nos sucede a nosotros, también les sucede a los demás. Esto es un gran regalo porque te ayudará a resolver el conflicto a través de tu experiencia de sueño lúcido, especialmente si trabajas para tener una interacción amorosa con la persona en el Mundo de los Sueños.

Ahora bien, como te he dicho antes, sé paciente contigo mismo. Es posible que no tengas esta experiencia en tu primer intento; incluso podrías olvidarla. Pero no te preocupes. Establece tu intención antes de acostarte y presta atención a tus sentimientos mientras despiertas. De todos modos tendrás una experiencia sana y valiosa. ¡También recuerda que tu vida despierta te ofrecerá más orientación si estás dispuesto a prestarle atención! Como he dicho, el crecimiento de tus sueños se reflejará en tu vida. Y puedes comenzar a ver ciertos escenarios por ahí, o inclusive, los símbolos de tus sueños aparecerán en tu vida despierta para recordarte la guía de tus sueños. ¡Sé feliz cuando esto suceda y da gracias! Es una señal de que te estás uniendo profundamente contigo mismo tanto en tu vida despierta como en el Mundo de los Sueños.

Usa los sueños lúcidos para obtener respuestas

¿Alguna vez has estado en una encrucijada y en medio de la confusión le pediste consejo a todos los demás, antes de preguntarte a ti mismo? No te preocupes.

¡Todos hemos hecho esto en algún momento! ¿Sabías que podrías usar tus sueños lúcidos para obtener las respuestas que necesitas? Esto no es algo que sólo unos pocos de nosotros podemos hacer, todos somos capaces de hacerlo. ¡Sólo necesitamos ser lo suficientemente valientes para preguntar! Muchos de nuestros soñadores conocen el poder de hacer una pregunta, así que utilizan este método para obtener orientación sobre las respuestas que buscan. ¿Quieres saber cómo puedes hacer esto también? ¡Mantén tu mente abierta y sigue adelante!

En primer lugar, ten lista tu pregunta. El hecho de que tengas una pregunta en mente ya es un gran comienzo porque revela dónde están tus preocupaciones e incertidumbre, qué es importante para ti y sobre qué necesitas claridad. Mientras piensas en la pregunta coloca tus manos sobre tu corazón y pídele al universo que te guíe en la búsqueda de la mejor respuesta para ti. Haz una pausa para inhalar y sentir el universo listo para ayudarte. Después de hacer esto, *di gracias* en voz alta.

¡Ahora, aquí viene la parte fácil! Permite relajarte y caer en un sueño profundo. Puedes pensar que las respuestas son difíciles de encontrar mientras duermes, pero la verdad es que cuando el ego duerme ¡surgen las respuestas que buscas! Permíteme explicarlo más a fondo. ¿Alguna vez has estado atrapado en un problema y luego alguien arroja una solución que parece tan simple que te preguntas que por qué no pensaste en ella? Muchas veces, la razón por la que no pensamos en la solución es porque nuestro ego y nuestra mente temerosa cubren la solución que está justo frente a nosotros. Es por eso que el Mundo de los Sueños es tan importante. Es un lugar donde podemos aceptar la solución sin juzgar. Puedes notar que a veces tus sueños parecen extraños cuando te despiertas, pero dentro de los mismos tienen mucho sentido. Esto se debe a que el ego y la mente crítica no son tan activos mientras sueñas. ¡Así que relájate, duerme y deja que las respuestas se presenten!

Exploremos diversas formas en que tus respuestas pueden aparecer, y te ofreceré algunos consejos para tu exploración. Recuerda que cada uno de nosotros tiene su propio idioma de los sueños. Por lo tanto, tu forma de recibir guía y respuestas será única para ti. Algunos de nuestros soñadores reciben orientación a través de imágenes y escenarios claros en el Mundo de los Sueños. A menudo dichas imágenes y escenarios les muestran exactamente lo que necesitan ver para responder su pregunta. En otros casos el sueño les muestra el miedo que tienen sobre la situación que ocurre en su vida despierta. Cuando esto sucede, el sueño los invita a dejar ir la preocupación a la que se aferran.

Mientras que algunos soñadores encuentran la respuesta a su pregunta, otros escuchan la guía como una voz. La voz puede decirles exactamente lo que necesitan escuchar, alentándolos a tomar medidas. Este tipo de guía es común entre los soñadores que normalmente recuerdan voces en los sueños en lugar de imágenes. Siempre es útil hacer referencia al Capítulo 8, donde exploramos las diversas formas en que puede aparecer el Idioma de los Sueños. Las imágenes y los sonidos pueden ser comunes, pero también puedes recibir tu guía a medida que te despiertas de tu sueño. A veces —después de pedirle orientación al universo— es posible que te despiertes y no recuerdes el sueño, pero tengas un sentimiento o intuición sobre lo que necesitas hacer. Esta es una experiencia interesante sobre la cual muchos soñadores tienen dificultades para expresar. Pero han compartido que se despertaron con la sensación de saber que todo ya estaba funcionando por sí solo. Dijeron que el sentimiento les ayudó a comenzar el día con tranquilidad y seguridad.

Una vez que sientas, veas o experimentes la guía de tus sueños, toma nota de ella para que puedas recordar cómo se comunica tu Idioma de los Sueños. Éste es un paso crítico para entenderte a ti mismo; es el punto donde fluirás con el entendimiento de tus sueños. Te sentirás unido contigo mismo a través de esta guía, capaz de ser un creador proactivo al llevar tu experiencia a tu vida despierta

¡Convertirte en un creador proactivo y positivo es algo que puedes hacer con práctica! Muchas personas interpretan sus sueños y luego se detienen allí. ¡Eso es sólo la mitad de la diversión! Si quieres ser un creador activo en tu vida, necesitarás usar la guía de tus sueños y hacer cambios en tu vida despierta para promover tu crecimiento. Éste es uno de los procedimientos más poderosos que puedes hacer para tu autocrecimiento, así que tómate el tiempo para aprender el Idioma de tus Sueños y sentir cuáles son tus verdaderos deseos.

Usa tus sueños lúcidos para conectar con tus seres queridos

¿Sabías que puedes conectarte con tus seres queridos en los sueños? Esto funciona en muchos niveles y puede ayudarte a sanar las relaciones con tus seres queridos que están vivos, como hemos discutido anteriormente, y con tus seres queridos que han fallecido también. Esto puede parecer un poco extraño al principio. Pero te aseguro que es posible que todos los que estén interesados obtengan esto si lo desean.

Conectarse con otros en el Mundo de los Sueños brinda la oportunidad de verlos como realmente los percibimos. Déjame explicar esto más a fondo: cuando estás despierto y conectado con tus seres queridos puedes verlos con tus ojos, escucharlos con tus oídos, etc. Pero tu cuerpo energético también está captando información que los sentidos típicos no captan. Es por eso que a veces cuando sueñas con otros se ven diferentes que en tu vida despierta. Pueden tener una nariz de tamaño anormal o incluso parecerse a un animal. Esto ocurre porque tu yo energético, tu Yo superior —muchos nombres se pueden usar aquí— pero esa energía que eres TÚ, ha recogido detalles adicionales. Y está ilustrado en tus sueños cómo puedes estar sintiéndote inconscientemente respecto a ellos.

Te daré un ejemplo: una de nuestras soñadoras dijo que después de interactuar con su exnovio —quien estaba tratando de regresar con ella— lo soñó. En el sueño su nariz era enorme y ella no podía dejar de mirarla. A medida que exploramos el sueño más a fondo y le ofrecí guía para encontrar la conexión en su vida despierta, se dio cuenta de que su nariz era grande porque la asociaba con sus mentiras. De la película de Disney de su infancia recordó que la nariz del títere Pinocho se hacía cada vez más larga cada vez que mentía; se dio cuenta de que había sentido durante algún tiempo que su ex le estaba mintiendo. Las mentiras se habían interpuesto entre ellos, terminando finalmente la relación. El sueño era un recordatorio de que volver con él sería aceptarlo con sus mentiras. Ella no podía confiar en él y en el sueño ya no lo deseaba. Usando su sueño para guiarla en su vida despierta, ella le dijo que siempre lo apreciaría y lo que le aportó a su experiencia, pero que ya no podía estar con él como pareja. Estaba lista para explorar nuevas oportunidades con otras personas y quería a alguien de confianza.

Ahora bien, este sueño llegó sin que ella tuviera la intención de que ocurriera. Entonces, ¿cómo podemos tener sueños de personas con las que deseamos soñar? Recuerda que el Mundo de los Sueños siempre te ofrecerá la experiencia que más necesitas, pero si deseas conectarte con alguien específico en el Mundo de los Sueños, sigue el ejercicio a continuación.

Para esta práctica establecerás una intención antes de dormir. Ahora bien, antes de decir tu intención específica profundicemos más. Pregúntate: "¿Por qué quiero conectarme con esta persona?" La respuesta es en última instancia, porque crees que, al experimentar estar con esta persona de una manera u otra, te sentirás mejor. Trata de identificar qué sentimiento estás buscando. ¿Deseas que esta conexión se sienta segura? Tal vez sea para sentirte apreciado. O tal vez incluso para sentir una compañía amorosa. Cualquier razón específica que tengas está bien. Pero identifícala. Cuando lo haces estás siendo transparente contigo mismo sobre tus verdaderos deseos, y te ayudará a experimentar el sueño que estás buscando. Ahora que conoces la motivación detrás de tu deseo, dilo en voz alta para ti mismo. Aquí hay un ejemplo que puedes completar:

"Quiero conectarme con _____

para poder experimentar_____."

Mientras dices esto en voz alta, siente tu deseo. Coloca tus manos sobre tu corazón e imagina a la persona. Permítete experimentar un vistazo de la sensación. Esto te ayudará a establecer tu intención en lo profundo de tu ser para que puedas sentirla en el Mundo de los Sueños.

Me oyes decir esto a menudo, pero voy a decirlo de nuevo porque es necesario: ¡sé paciente contigo mismo! Éste es un nuevo método que estás practicando, así que tómate tu tiempo y disfruta de tu proceso de crecimiento. Cuando comiences a recordar las experiencias de tus sueños con tus seres queridos presta atención a cómo te sientes, cómo actúas en su presencia y lo que dicen o hacen. Esto te ayudará a comprender el significado y la guía de tu interacción con ellos.

Es importante dar gracias en cuanto te despiertes, especialmente después de establecer tu intención de conectarte con tu ser querido. Antes de abrir los ojos coloca las manos sobre tu corazón y respira. Da gracias por la experiencia y la oportunidad de conectarte en el Mundo de los Sueños. Es importante hacer esto incluso si no recuerdas la interacción. Esta parte es esencial porque el objetivo es crear unidad entre tu vida despierta y el Mundo de los Sueños. Esta práctica te ayudará a hacer eso. Cuanto más hagas de esto una rutina más unidad sentirás contigo mismo. Llegarás a un punto en el que recordarás la experiencia y los sentimientos que tuviste durante el Mundo de los Sueños en tu vida despierta. Cuando esto sucede estás fluyendo contigo mismo y con el universo. Ésta es una sensación hermosa al principio por ser novedosa, pero con más pericia parecerá algo que siempre ha sido intrínseco a ti. ¡Incluso te preguntarás por qué era extraña anteriormente!

Cómo tener sueños lúcidos

Explorar los beneficios de los sueños lúcidos es genial, ¡pero lo que es aún mejor es experimentar un sueño lúcido tú mismo! Puede que estés listo pero no encuentres cómo empezar. No te preocupes, te guiaré con prácticas específicas que te ayudarán a tener un sueño lúcido para que puedas ser un creador proactivo y positivo. Algunas de tales prácticas sirven para otros propósitos, y es posible que reconozcas algunas del Capítulo 7: Consejos y métodos creativos para recordar tus sueños. ¡Vamos!

Práctica de la pregunta

Una de las prácticas que ayuda a muchos soñadores a tener sueños lúcidos es preguntarse a lo largo del día: "¿Estoy soñando o estoy despierto?" Puedes hacer esto cada hora o sólo unas pocas veces al día. Comencemos con hacernos esta pregunta cinco veces al día. Ahora bien, lo que harás es preguntarte: "¿Estoy soñando o estoy despierto?" Cuando lo hagas, haz una pausa para mirar a tu alrededor. Fíjate dónde estás. Presta atención a la habitación, a lo que estás tocando, etc. Debes hacer esto por lo menos unos treinta segundos. A medida que lo hagas notarás si tu entorno se ve *normal* o si se ve como un *sueño*. Recuerda que tus sueños son únicos, y observarás las características exclusivas de tus sueños mientras miras a tu alrededor, si estás soñando. Si todo se parece al mundo 3D y *normal*, entonces acabas de confirmar que estás despierto.

Ahora bien, la idea es que, si haces esta pregunta lo suficiente, ¡la harás en algún momento durante un sueño! ¡Aquí es donde está la diversión! Digamos que estás soñando y la pregunta aparece en tu cabeza: *"¿Estoy soñando o estoy despierto?"* Miras a tu alrededor y notas que las cosas parecen extrañas, *como sueño*. En ese momento, te das cuenta de que estás soñando, ¡mantén la calma! Bromeo con los soñadores aquí porque esta comprensión puede inspirar emoción o incluso miedo, pero necesitamos mantener la calma para no despertarnos. Ahora que eres consciente de que estás soñando toca las cosas más cercanas a ti en el sueño para que puedas conectarte aún más con la realidad de tu sueño. Cuando te sientas seguro y listo ¡comienza a explorar y crear lo que deseas!

Recuerda que al comenzar esta práctica, a veces puedes darte cuenta de que estás soñando por varios indicadores que ves o sientes. Por ejemplo, algunos soñadores usan sus manos como una señal de estar en un sueño o estar despiertos. Mirarán sus manos y en su vida despierta tendrán cinco dedos; pero en Mundo de los Sueños tienen seis, siete o ningún dedo. Si tratan de leer algunos soñadores se dan cuenta de que todas las letras están mezcladas. Para otros soñadores es una sensación de mayor conciencia y una sensación de introspección. Los soñadores incluso reportan un momento de sentirse fuera de su cuerpo. Agregaré que cuando te encuentras observándote a ti mismo o sientes que estás observando desde fuera de tu cuerpo en un sueño, es extremadamente útil. Pero por favor ten en cuenta que si éste es tu indicador, es posible tener esta misma sensación en tu vida despierta cuando está más consciente y conectado contigo mismo. Comparto esta precaución porque cuando experimentas esto espontáneamente en tu vida despierta puede hacerte sentir incómodo, incluso nervioso. Pero mantén la calma y respira. Esto simplemente significa que tu conciencia está aumentada, y en realidad eres capaz de prestar atención de una manera diferente en tu vida despierta. Así que quédate contigo mismo y permite que ocurra la observación; disfruta de tu viaje y toma nota de las figuras que ves en tu sueño que te ayudan a tomar conciencia de que estás soñando, para que puedas tener una experiencia de sueño lúcido de manera más eficiente.

Práctica de concentración en un objeto

Soy una gran admiradora de esta práctica porque ayuda a muchos soñadores que no están familiarizados con la meditación a lograr un estado tranquilo y relajado para tener un sueño lúcido y permanecer en él. Exploramos esta práctica en el Capítulo 7, ¡así que esto debería ser un buen recordatorio para ti! Elige un objeto a tu alrededor para enfocarte. Es importante que éste sea un objeto pequeño que puedas sostener en tus manos para que puedas sentirlo y maniobrarlo. Haz una pausa para observar los bordes, curvas, colores, etc., del objeto. Mientras te enfocas en el elemento y admiras sus detalles, respira. Permítete relajarte. Esta práctica es una oportunidad para enfocarte y lograr un estado de calma mientras exploras el objeto. Es posible que te preguntes cómo esto te preparará para un sueño lúcido, ¡exploremos eso!

Digamos que estás en un sueño y de repente te das cuenta de que estás soñando, ¡un sueño lúcido! Ahora bien, tendrás que mantener la calma a medida que comienzas a conectarte con el sueño y explorar tu entorno. ¿Recuerdas cómo discutimos la importancia de permanecer en paz durante un sueño lúcido para que no te despiertes? Ahí es donde entra en juego esta práctica de enfocarte en un objeto. A medida que exploras el objeto en tu vida despierta los pensamientos entran y salen. Y será tu trabajo mantener la calma. A veces llegan pensamientos de una lista de cosas que hacer, pensamientos de preocupaciones, etc., y durante este tiempo, es importante que los dejes flotar. Observa los pensamientos y déjalos ir. Respira, concéntrate en el objeto y permítete disfrutar de la energía tranquila que llevas dentro. Esta práctica será útil a medida que entres tranquilamente a tu sueño lúcido; te ayudará a permanecer allí todo el tiempo que quieras.

Meditación

La meditación es una gran práctica que muchos de nuestros soñadores atribuyen a precipitar una experiencia de sueño lúcido. La meditación calma la mente y el cuerpo. Necesitas esta paz en un sueño lúcido. Cuando meditas, estás permitiendo que tu mente, cuerpo y alma se unan y sientan tu propia presencia en un estado neutral. En nuestro sitio web y en nuestros dos canales de YouTube tengo una hermosa Meditación guiada de sueños lúcidos que te orienta a través de esta práctica. Este tipo de enfoque y unidad con el ser es similar a la sensación que muchos soñadores experimentan cuando se dan cuenta de que están teniendo un sueño lúcido. Muchos describen una sensación de ser superconscientes y al tanto de la experiencia del sueño y, en algunos casos, incluso sienten que son los creadores del sueño. Éste puede ser un sentimiento poderoso, y a algunos soñadores les resulta difícil aceptar la sensación de tanto poder. Es por eso que la calma y el enfoque son necesarios al entrar al Mundo de los Sueños.

Recuerda que si estás más consciente y reflexivo en tu vida despierta, más consciente y reflexivo estarás en el Mundo de los Sueños, porque estos dos mundos son uno solo dentro de tu experiencia. Con más experiencia comenzarás a notar que los símbolos e imágenes de tus sueños entrarán en tu vida despierta para recordarte lo que debes hacer a continuación. Esto es normal y debe ser aceptado. A veces las personas temen la sensación de tener tanta conciencia y poder en su vida despierta, porque estamos acostumbrados a sentir que el poder está fuera de nosotros, pero en realidad está dentro. Con paciencia y práctica sentirás que tus mundos se fusionan en unidad. Serás consciente y crearás con poder en el Mundo de los Sueños y en tu vida despierta como un creador positivo y despierto. Si estás listo para conectarte con tu poder interno de esta manera, pero aún no te sientes cómodo con la meditación o la encuentras desafiante, puedes comenzar con la Práctica de Concentración en un Objeto que explicamos anteriormente.

Capítulo 13

¡Tu exploración de los sueños continúa!

¡Lo has logrado! ¡Has despertado a la realidad de que tus sueños están aquí para guiarte! ¡Te das cuenta de que tus sueños son un reflejo de tu ser más profundo y que contienen todas las respuestas que buscas! Ahora puedes usar las herramientas que has aprendido aquí para usar tus sueños a sanar lo que necesitas y crear una realidad más amorosa para ti y para quienes te rodean.

Recuerda, ¡sólo tú sabes lo que realmente necesitas! Aprende a confiar en tu intuición y en tu sistema guía interno. Ahora vamos a reflexionar en la pregunta que respondiste en el Capítulo 1:

¿Por qué quieres conectar con tus sueños?

Haz una pausa para ver lo que escribiste en esta sección. Reflexiona sobre la respuesta que proporcionaste y da gracias a ti mismo por seguir tu intuición y usar este libro de sueños para guiarte. Tu respuesta a esta pregunta puede haber cambiado un poco ahora que tienes una mejor comprensión de tu Mundo de los Sueños. ¡Pero valora lo lejos que has llegado! ¿Puedes sentir cómo has crecido a partir de esa nueva versión de ti mismo? Disfruta la sensación.

Después de hacer esto vuelve al presente, haz una pausa para reflexionar sobre tus experiencias con esta *Guía de Sueños*. ¡Has crecido de muchas maneras y has explorado tu ser interno a través de tus sueños! Mientras continua tu exploración responde las dos preguntas siguientes:

¿Cuál es tu experiencia más memorable de esta Guía de Sueños?

_____
_____
_____
_____
_____
_____
_____

¿Cómo usarás esta información para mejorar tu vida?

_____
_____
_____
_____
_____
_____
_____

Tu poder es ilimitado y ahora tienes las herramientas para usar tus sueños y tu sistema guía interno para crear la vida que deseas.

La exploración de tus sueños no termina aquí. ¡Apenas comienza! Regresa a esta *Guía de Sueños* cada vez que necesites un recordatorio amoroso de que tus sueños están aquí para guiarte. Y recuerda de compartir tus sueños con otras personas en las que confías y con las que quieras crear una conexión más profunda.

 **¡Continuemos nuestra exploración juntos!**

Carolina Fonseca Jiménez

¿Quieres que continúe la exploración de los sueños?

¿Quieres conectar con una comunidad amorosa de soñadores? ¡No te preocupes, *Tu Guía de Sueños* ha pensado en esto por ti! Te invito a mantenerte conectado conmigo a través de mis diversas cuentas de redes sociales, y quiero hacerte una invitación especial adicionalmente. Te invito a que me envíes una foto de la obra de arte de tus sueños, la práctica de los sueños o cualquier otro artículo relacionado con los sueños que quieras compartir conmigo y con nuestra comunidad de Dream Team. ¡Siempre estamos buscando formas de conectarnos con otros Soñadores de todo el mundo! ¡Estoy orgullosa de ti y espero continuar nuestra exploración de sueños juntos!

Únete al Dream Team registrándote en nuestro sitio web en *www.lupitainspires*.com. O también puedes unirte al Dream Team durante nuestras transmisiones en vivo en la aplicación de TikTok.

Te presentamos a los miembros del Dream Team

Los miembros de nuestro Dream Team son personas como tú que están interesadas en la exploración de sueños y en usar sus sueños para vivir vidas más amorosas y conscientes. Nuestro Dream Team está formado por personas de todo el mundo que han participado en nuestros Círculos de los Sueños o asisten a nuestras transmisiones en vivo semanales de TikTok, donde respondemos a las preguntas de los sueños y brindamos guía amorosa. A continuación se presentan algunos de nuestros miembros más dedicados y apasionados del Dream Team. Queremos celebrarlos y presentarlos aquí. Muchos de nuestros miembros han incluido sus redes sociales o información de contacto comercial para que puedas ver parte del hermoso trabajo que están haciendo para producir luz y amor a este mundo. Te invitamos a unirte a nuestras transmisiones en vivo de TikTok y a conectarte con los miembros de nuestro Dream Team a través de los enlaces proporcionados. ¡Mantengámonos conectados y sostengamos las vibraciones amorosas fluyendo!

Kayla Fonseca Mendoza, miembro del Dream Team

Hola, soy Kayla. ¡Lupita y el Dream Team han tenido un gran impacto en mí! He aprendido sobre mis sueños y lo que significan. ¡Lupita me ha enseñado a tener más confianza y me ha ayudado a superarme a una mejor versión de mi ser! Me gusta como todos en el Dream Team son muy solidarios y abiertos a nueva información. ¡Estoy emocionada de ver lo que el futuro trae para el Dream Team!

Micky Fonseca, miembro del Dream Team

Saludos, soy Micky. Me encanta ser parte del Dream Team. Ha sido una gran experiencia para mí porque la comunidad me apoya de muchas maneras. Lupita me ha ayudado a entender lo que significan mis sueños y me ha apoyado con muchas cuestiones que puedo usar en mi futuro. Los eventos son mis favoritos porque conocemos a muchas familias y tenemos la oportunidad de impulsar a los niños a comprender sus sueños. En los eventos también tenemos actividades divertidas para los niños, ¡y me da emoción lo que el Dream Team hará en un futuro cercano!

Valerie Kelly Kerl, creadora de contenido

He hecho tantas conexiones y amistades maravillosas durante los Círculos de los Sueños. El Dream Team no conoce límites cuando se trata de distancia física, y todos estamos tan intrincadamente conectados y en diferentes ámbitos de la vida. He aprendido mucho sobre mi ser e incluso reavivé una relación rota con un miembro de mi familia después de más de veinte años. Se lo debo todo a Carolina y a la interpretación de sueños, ya que aprendo cómo vivir mi mejor vida.

https://www.valeriejkelly.com

Rockamel, artista y miembro del Dream Team

¡Hola! Soy Rockie y me encanta estar en el Dream Team por muchas razones. La razón principal por la que me maravilla es porque he aprendido mucho sobre mi ser y he conocido a personas maravillosas. Las experiencias que obtuve me han ayudado a crecer como persona en la dirección hacia la que más quiero en mi vida. También encontré mi pasión por el arte del maquillaje como una forma de expresarme. Puedes encontrarme en TikTok o Instagram por mi nombre de usuario rockamel_87. ¡Bendiciones, amor y luz!

@rockamel_87 en TikTok

Carolina Fonseca Jimenez

Laura Kemp, bailarina y artista

¿Alguna vez has tenido la sensación de que ya estaba escrito que ibas a conocer a alguien? ¿Como si el universo tuviera algún tipo de plan? Bueno, mi respuesta a eso es sí y aquí está el por qué. En febrero de 2021 mi vida cambió para siempre. Me uní a un TikTok en vivo sin saber qué esperar, nunca me había sentido como en casa con personas que nunca antes había conocido. Es el grupo de personas más acogedor y maravilloso. Simplemente entí que pertenecía instantáneamente. A medida que pasaban las semanas aprendí las cosas más increíbles sobre mi ser que ni siquiera sabía que eran posibles. Solía ser una chica que luchaba consigo misma después de unos años difíciles, pero ahora soy una mujer que ha sido introducida a una vida completamente nueva, una vida más feliz, ya que he experimentado el mundo mágico de los sueños. Todo esto se debe a personas que alguna vez fueron desconocidos, pero ahora son lo que yo llamo mi familia y no podría imaginar la vida sin ellos. *@laura_annxo* en TikTok

Adriana Cortés, CEO de Holistic Wild Beauty

Ser parte de los círculos de sueños fue esclarecedor porque me hizo más consciente de mis sentimientos y miedos. También me hizo más consciente de mis pensamientos durante el día. Fue genial participar en una comunidad y discutir y compartir nuestros sueños y sus posibles significados.
Página web: *https://wildbeauty.mn.co/leed*

Renee Kramer, miembro del Dream Team

Me encantó ser parte de los Círculos de los Sueños para ponerme en contacto con mi subconsciente en una forma más poderosa, y conectarme con personas increíbles de varias partes del mundo de una manera más profunda.

Becky Nava, creadora de contenido

El Dream Team es un espacio muy inspirador donde descubrí la importancia de escuchar los mensajes de la mente subconsciente trayendo conciencia a nuestra vida despierta. Soñar es un regalo maravilloso, pero hacer realidad los sueños es una experiencia inolvidable. Soy una artista intuitiva creando un oráculo llamado El Gran Despertar que fue inspirado en el colectivo de la época, ofrezco orientación a través de esta herramienta, y espero ayudarte en el camino de tu vida.
@beckymanifesto en TikTok

¿Qué está haciendo el Dream Team?

El Dream Team comparte sueños y experiencias, y es una comunidad de apoyo para cualquiera que busque un vínculo significativo. Disfrutamos conectándonos unos con otros en un nivel profundo a través de nuestras historias de sueños y orientación. El Dream Team está creando y pintando un atrapasueños gigante con símbolos que representan a cada uno de nuestros miembros del Dream Team. Entre los símbolos tenemos ángeles, delfines, notas musicales, corazones, arco iris, etc. Cada símbolo es un encanto especial elegido a través de nuestras transmisiones en vivo en la aplicación de TikTok. Nuestro próximo proyecto es compartir nuestro Arte de los Sueños y ofrecer Círculos de Sueños Virtuales, mientras compartimos nuestro libro de *Tu Guía de Sueños*. Puedes unirte al Dream Team y ver lo que estamos haciendo en nuestro sitio web, *www.lupitainspires.com*.

 # Recursos Interactivos

Todos los recursos están disponibles en *www.lupitainspires.com*. Te comparto más detalles a continuación.

Introducción Se puede acceder al video en el canal de YouTube de Lupita en Español. El video se llama: *¡Bienvenido, soñador, a tu Guía de Sueños!*

Capítulo 5 **Sueños de otras dimensiones**: ¡Envía una foto de tu obra de arte o creación de sueños a nuestra dirección de correo electrónico y lo presentaremos en nuestro *sitio web* de Dream Team! Correo electrónico: **lupitainspires@gmail.com**

Capítulo 7 Se puede acceder al video en el canal de YouTube de Lupita en Español. El video se llama: *Meditación guiada para promover los sueños lúcidos*

Capítulo 9 Se puede acceder al video en el canal de YouTube de Lupita en Español. El video se llama: *Pongamos una intención antes de dormir: Usa tus sueños para crear la vida que deseas*

Capítulo 9 Se puede acceder al video en el canal de YouTube de Lupita en Español. El video se llama: *Haz tus estiramientos conmigo antes de dormir para dormir con amor, unidad, y paz*

Capítulo 11 Se puede acceder al video en el canal de YouTube de Lupita en Español. El video se llama: *Cómo encontrar el mensaje amoroso en una pesadilla*

Capítulo 13 Se puede acceder al video en el canal de YouTube de Lupita en Español. El video se llama: *¡Vamos a continuar la exploración de los sueños juntos!*

Sobre la autora

Guadalupe *Carolina Fonseca Jimenez
Lupita Inspires

Mi primer nombre es Guadalupe, pero mis padres siempre me llamaban por mi segundo nombre, Carolina. En México, "Lupita" es el diminutivo de Guadalupe.

Llegué junto con mis padres a vivir a los Estados Unidos a la edad de dos años. Vinimos aquí en busca de una vida mejor y con la esperanza de lograr el sueño americano.

Crecí en el sistema de escuelas públicas, luego fui a la Universidad de Carolina del Este para estudiar psicología y a la Facultad de Derecho de la Universidad Central de Carolina del Norte. A lo largo de mi carrera educativa me enfrenté al complejo proceso de inmigración como muchos otros soñadores en los Estados Unidos. Soñador es un término común que se utiliza en los Estados Unidos para referirse a los hijos de inmigrantes que anhelan alcanzar el sueño americano. ¡En esto puedes ver cómo la palabra "soñador" tiene una multitud de significados para mí!

Mientras crecía en los Estados Unidos me di cuenta de los sacrificios que mis padres hacían a lo largo de mi vida, y supe que tenía que propiciar la unidad en mi familia, incluso si estaba dividida por una frontera hecha por el hombre.

Usé mi pasión para unir a mi familia cuando escribí mi primer libro infantil *Lupita y la Magia de México* y para compartir este mensaje con otros que podrían estar pasando por situaciones similares. Cuando comunicaba este mensaje en nuestras escuelas públicas, muchos niños podían sentirse identificados con mi historia y comenzaron a compartir conmigo las pesadillas que tenían sobre la separación de sus familias, así que escribí *Lupita y la Magia de los Sueños* para que los niños entendieran el significado de las pesadillas. Al escribir estos libros aprendí que el amor no tiene fronteras y que las historias pueden unirnos de una manera mágica.

Actualmente comparto mi mensaje de amor, unidad y paz a través de mis libros, redes sociales e interacción con cualquier persona con la que entre en contacto. *Mi pasión es inspirar a los que me rodean con mi ejemplo, y mi misión es proporcionar orientación con los sueños, incluyendo las pesadillas.*

¡ Mantente en contacto conmigo!

@LupitaInspires

www.lupitainspires.com

www.ingramcontent.com/pod-product-compliance
Lightning Source LLC
Chambersburg PA
CBHW081746100526
44592CB00015B/2311